LA
SITUATION DE LA CRÈTE
AU POINT DE VUE DU DROIT INTERNATIONAL

THÈSE POUR LE DOCTORAT

Présentée et soutenue le Lundi, 25 Juin 1900, à 8 heures 1/2

PAR

HENRI COUTURIER

AVOCAT A LA COUR D'APPEL DE PARIS

PARIS

LIBRAIRIE J.-B. BAILLIÈRE ET FILS

19, RUE HAUTEFEUILLE, 19

1900

LA SITUATION DE LA CRÈTE

AU POINT DE VUE DU DROIT INTERNATIONAL

LA
SITUATION DE LA CRÈTE
AU POINT DE VUE DU DROIT INTERNATIONAL

THÈSE POUR LE DOCTORAT

L'ACTE PUBLIC SUR LES MATIÈRES CI-APRÈS

Sera soutenu le Lundi, 25 Juin 1900, à 8 heures 1/2

PAR

HENRI COUTURIER

AVOCAT A LA COUR D'APPEL

Président : M. RENAULT, professeur.
Suffragants : MM. LESEUR, professeur.
PILLET, professeur.

PARIS

LIBRAIRIE J.-B. BAILLIÈRE ET FILS

19, RUE HAUTEFEUILLE, 19

1900

A MON PÈRE

A MA MÈRE

BIBLIOGRAPHIE

Archives Diplomatiques.

ARNAUD-JEANTI. — La Crète et la question crétoise (Conférence du 23 juin 1896). Paris, 1896.

BECKER. — La question d'Orient. Paris. 1879, in-8.

BENGUESCO. — Essai d'une notice bibliographique sur la question d'Orient. Bruxelles, 1897, gr. in-8.

BÉRARD. — Les Affaires de Crète. Paris, 1898, in-12.

BEULÉ. — L'île de Crète et la question d'Orient (*Revue des Deux-Mondes* du 15 janvier 1867).

BIKÉLAS. — La Grèce byzantine et moderne. Paris, 1893, in-8.
— Formation de l'État grec.

CAPO D'ISTRIA (Correspondance du Comte).

CASTONNET DES FOSSES. — La Crète et l'Hellénisme. Paris, 1897, in-12.

CEULENEER (Ad. de). — La Crète (Conférence du 6 mars 1897 à la Société Royale de Géographie d'Anvers). Anvers, 1897, in-8. (Extrait du *Bulletin de la Société Royale de Géographie d'Anvers*).

CHANDOS. — La Crète (*Revue bleue* du 13 janvier 1897).

CHAUDORDY (de). — La France et la question d'Orient. Paris, 1897, in-18.

CHOUBLIER. — La question d'Orient depuis le traité de Berlin. Paris, 1897, in-8.

Coup d'œil aux événements crétois (Un). Paris, 1897, in-8.

COUBERTIN (de). — Un mensonge historique (*Nouvelle revue* du 1er mars 1897).

Crète devant l'Europe chrétienne (La). Athènes, 1866.

DELONCLE. — Notes pour l'histoire de la question crétoise (*Revue des questions diplomatiques et coloniales* du 1er octobre 1898).

DÉLUNS-MONTAUD. — Le prince Georges et l'Europe (*Revue des questions diplomatiques et coloniales* du 15 février 1898).

DISLÈRE. — Droits et devoirs des Français en Orient. Paris, 1893, in-8.

Driault. — La question d'Orient depuis ses origines. Paris, 1898, in-8.

Europe et la Crète (L'). — (*Revue des questions diplomatiques et coloniales* du 15 mars 1897).

— (*Revue de droit international et de législation comparée de Belgique*, 1897, n° 1).

Fuster. — Quelques réflexions sur la Crète. Montpellier, 1897, in-12.

Génardière (de la). — Causes de l'insurrection crétoise (*Revue des questions diplomatiques et coloniales* du 15 septembre 1897).

Grèce et la question d'Orient (La), par un historien allemand. Genève, 1897, in 8.

Hauttecoeur. — La Crète (Conférence du 13 mars 1896 à la Société Royale belge de Géographie). Bruxelles, 1897, in-8.

Jonquière (A. de la). — Histoire de l'Empire ottoman. Paris, 1881, in-8.

Kar Téria. — La question de Crète. Paris, 1897, in-8.

La Barre de Nanteuil (baron Am. de). L'Orient et l'Europe depuis le xviiᵉ siècle. Paris, 1898, in-8.

Laroche. — La Crète ancienne et moderne. Paris, 1898, in-12.

Le Glay (And.). — Une intervention en Crète (Extrait de la *Revue d'histoire diplomatique* du 1ᵉʳ avril 1897). Paris, 1897, in-16.

Livres Jaunes sur la Crète. 1894 à 1897 — février à mai 1897, mai à décembre 1897, janvier à octobre 1898, octobre et novembre 1898.

Mémorial Diplomatique (années 1897-98-99).

Milovanovitch. — Des traités de garantie en droit international. Paris, 1888, in-8.

Moguez. — La Crète autonome (*Revue des questions diplomatiques et coloniales* du 1ᵉʳ juin 1899).

Monicault. — La question d'Orient. Le traité de Paris et ses suites. Paris, 1898, in-8.

Noiret. — Documents inédits sur la domination vénitienne en Crète. Paris, 1892, in-8.

Noradunghian. — Recueil d'actes internationaux de l'Empire ottoman. Paris, 1897, in-4.

Perrot. — La Crète, son passé, son présent, son avenir. Rouen, 1897, in-4.

Philarétos. — Les insurrections de Crète (*Revue des questions diplomatiques et coloniales* du 1ᵉʳ mai 1897).

Piccioni. — De la neutralité perpétuelle. Paris, 1891, in-8.

Potel. — Aperçu historique des affaires d'Orient. Paris, 1897, in-12.

Psichari. — La Crète et la Turquie (*Revue bleue* du 27 janvier 1897).

— Les Arméniens, les Crétois et l'Europe (*Revue bleue* du 1er mai 1897).

Quillard. — La question d'Orient et la politique de M. Hanotaux. Paris, 1897, in-12.

Résumé de la question crétoise. La Rochelle, 1897, in-8.

Rolin-Jaequemyns. — Le droit international et la question d'Orient (*Revue de droit international et de législation comparée*, tome VIII, 1876).

Sorel (A.). — La question d'Orient au XVIIe siècle.

Stein. — La Crète jugée par la diplomatie du XVIIIe siècle (*Revue bleue* du 26 novembre 1898.)

Streit. — La question de Crète (*Revue générale de droit international public* de 1897, et n° 1 de 1900.)

Turot. — L'insurrection crétoise et la guerre gréco-turque. Paris, 1898, in-12.

LA SITUATION DE LA CRÈTE

AU POINT DE VUE DU DROIT INTERNATIONAL

> «... Le souvenir d'une telle grandeur inspire
> « un vœu bien naturel, c'est que désormais, la
> « jalousie des Grandes Puissances n'empêche plus
> « l'Orient de secouer la poussière de vingt siècles
> « et de renaître à la vie et à la civilisation. »
> (NAPOLÉON III, *Histoire de Jules César*.
> liv. I, ch. IV, p. 120)

INTRODUCTION

Ce vœu, qu'émettait l'empereur Napoléon III, après avoir passé en revue les diverses contrées du vieux monde civilisé, et montré cette civilisation notamment en Crète, à Chypre et à Rhodes, pourrait bien être appliqué à l'île de Crète, car, si la question crétoise est une des questions qui ont donné, pendant le cours de ce siècle et surtout durant ces cinq dernières années, le plus de difficultés à l'Europe, c'est aussi certainement l'une de celles qui ont le mieux mis à nu l'ambition et « la jalousie des Grandes Puissances ». Le tort des diplomates, en présence de toutes ces difficultés, a été de considérer la question de Crète comme trop intimement liée à la question d'Orient. Sans doute, la question crétoise fait bien partie de la question d'Orient ; sa solution nécessaire est l'affranchissement

de l'Ile du joug turc, il s'agit donc d'un démembrement
de l'Empire ottoman. En cela, elle fait partie de la question d'Orient, mais elle peut parfaitement recevoir une
solution spéciale sans engager pour cela la solution de la
question d'Orient même. L'expérience récente qu'on en
a faite l'a bien prouvé d'ailleurs et l'avènement de l'autonomie crétoise n'a amené aucune complication en Orient,
aucun soulèvement en Macédoine et dans les Balkans par
exemple, comme le craignait surtout l'Autriche. L'union
à la Grèce n'eût sans doute pas soulevé plus de difficultés.
La question crétoise a donc pu recevoir une solution en
dehors même de la question d'Orient. Les Puissances
auraient dû comprendre plus tôt cette possibilité et résoudre la question dès l'apparition des premières difficultés. Mais il eût fallu pour cela que le concert européen
fût entièrement désintéressé, il eût fallu supprimer les
ambitions et « la jalousie des Puissances ».

La Crète en effet jouit d'une situation exceptionnelle
qui en fait une position stratégique de premier ordre en
même temps qu'un objet de convoitises pour toute Puissance ayant des intérêts dans la Méditerranée. Allongée
en trait d'union entre l'extrémité de la Morée et les côtes
de l'Asie Mineure, elle ferme la mer Égée et commande
vers le nord la route de l'Archipel et de Constantinople.
Du côté du midi, la mer est libre jusqu'aux côtes de la Cyrénaïque, mais ses ports de ce côté en font une excellente
station navale, comme Malte et Chypre, commandant la
route d'Égypte. Cette situation exceptionnelle, l'extraordinaire fertilité des plaines de l'Ile, et notamment de la

plaine de Messara, devaient exciter la convoitise d'une
nation rêvant d'établir son empire sur la Méditerranée.

A côté de cela, le peuple crétois, descendant des anciens Pélasges, a toujours eu l'esprit belliqueux et indépendant, esprit entretenu d'ailleurs par la configuration
même du sol: l'Ile est traversée dans toute sa longueur
par un massif montagneux très escarpé, parfois inacces-
sible, avec d'immenses plateaux suffisamment fertiles pour
offrir un refuge à des rebelles. De tous temps, on nous
représente le Crétois comme un être vicieux, aimant peu
le travail, adorant le pillage et rebelle à toute autorité.

Ce caractère indépendant, les convoitises incessantes
qui se sont abattues sur ce pays doivent expliquer pour
beaucoup les vicissitudes de toutes sortes qu'a traversées
ce malheureux peuple Crétois, devenu sympathique, tant
a été opiniâtre sa lutte pour l'indépendance.

C'est l'étude de ces vicissitudes et des interventions européennes qu'elles ont provoquées que nous allons entreprendre. Nous insisterons fort peu sur les questions de
faits intérieurs de l'Ile; nous ne les mentionnerons que
pour expliquer l'intervention des Puissances. Toute notre
étude portera sur l'attitude même des Puissances dans la
question crétoise à ses différentes époques, sur leurs interventions, sur les questions de droit qu'ont pu faire naître
ces interventions et enfin sur l'œuvre même des Puissances en Crète.

Cette étude sera divisée en trois parties :

Dans une *première partie*, nous passerons très rapidement en revue l'histoire de la Crète depuis l'antiquité

jusqu'à la guerre de l'indépendance grecque. Nous verrons dans cette partie l'intervention de la France, puis de la Russie dans l'Ile de Candie, et le sort de l'Ile dans les projets de Catherine de Russie, puis de Napoléon Ier sur le partage de l'Empire ottoman, en même temps que nous verrons naître, au xviiie siècle, l'idée de l'intégrité de l'Empire ottoman.

La *deuxième partie* comprendra l'étude des principales insurrections en Crète pendant le cours de ce siècle ; nous y verrons les Crétois lutter pour recouvrer leur indépendance et obtenir peu à peu des concessions de la Porte. Dans cette étude nous relèverons principalement l'attitude des Puissances devant ces luttes sanglantes, attitude variable suivant les époques et souvent contraire à l'opinion publique.

Enfin, dans la *troisième partie*, après avoir étudié les insurrections de 1896 et 1897, nous verrons les Puissances prendre en main la solution de la question crétoise et, après bien des tâtonnements, donner au prince Georges de Grèce la mission de doter l'Ile d'un régime autonome.

PREMIÈRE PARTIE

LA CRÈTE DEPUIS L'ANTIQUITÉ JUSQU'A LA GUERRE DE L'INDÉPENDANCE GRECQUE

La civilisation remonte en Crète aux temps mythologiques, et, bien avant Athènes et la Grèce, la Crète était connue du monde antique. Le premier État grec dont l'histoire fasse mention fut le royaume de Minos, en Crète. La tradition d'ailleurs fait de l'Ile le berceau des lettres et des arts. Plus tard, cette réputation s'affaiblit et fut éclipsée par celle de la Grèce. On ne sait que fort peu de choses de la Crète durant toute cette période. Au temps des guerres Médiques, elle était divisée en cités autonomes ayant chacune leur vie propre, leur sénat, leur assemblée du peuple et toujours en guerre entre elles. Philippe IV de Macédoine dut même intervenir pour faire cesser les luttes intestines qui déchiraient le pays. La principale occupation des habitants de l'Ile à cette époque était la piraterie et la guerre; les mercenaires crétois étaient célèbres dans l'antiquité. Déjà donc, bien que jouissant de l'autonomie la plus complète, l'Ile était troublée.

Après la chute de la Grèce sous la domination romaine, la Crète resta quelque temps indépendante. Mais alors l'anarchie la plus profonde régnait dans l'Ile qui devint bientôt un repaire de pirates. Les Crétois s'associaient aux corsaires de Cilicie et écumaient les mers de toute la région. Rome ne pouvait laisser subsister un pareil état de choses, elle entreprit la conquête de la Crète, et en 66 av. J.-C. l'Ile fut soumise à la domination romaine par Quintus Metellus, auquel cette conquête valut le surnom de « Creticus ».

Devenue province de l'Empire d'Orient, la Crète fut envahie vers l'an 823 par les Sarracènes ou Sarrasins, qui, comprenant toute l'utilité de cette île qui servait d'abri à leurs flottes, s'y établirent solidement, fondant des places fortes. C'est à partir de cette époque que l'Ile prit le nom de « *Candie* », du nom de sa capitale fondée par les Sarrasins.

Ceux-ci restèrent en possession de l'Ile pendant plus d'un siècle et demi, puisque ce n'est qu'en l'an 961 que Nicéphore Phocas put s'en rendre maître et, chassant les Sarrasins, rendre la Crète au christianisme.

Lors de la quatrième croisade et du partage de l'Empire byzantin entre les Français et les Vénitiens, l'Ile fut donnée à Boniface de Montferrat, qui, par le traité du 12 août 1204, signé à Andrinople, l'échangea avec la République de Venise contre d'autres terres. On s'inquiétait peu à cette époque de consulter les populations qui, d'un trait de plume, passaient d'un maître à un autre.

La possession de Candie était très importante pour Venise dont le commerce avec les Échelles du Levant était fort développé. Aussi songea-t-elle à s'y installer sérieusement. Mais cela ne se fit pas sans difficultés et elle dut entreprendre une véritable conquête, ayant surtout à lutter contre cet esprit grec si hostile aux Latins et qui persistait très vivace en Crète. Une fois maîtresse de l'Ile, la République de Venise n'en eut pas la possession paisible ; des insurrections continuelles se produisaient soit sur un point isolé, soit dans toute l'Ile. On peut dire que, jusqu'au milieu du xvᵉ siècle, Candie fut dans un perpétuel état d'insurrection, puisque, durant cette période de deux siècles, on compte au moins *quinze* insurrections principales dont la plus importante eut lieu en 1340 et dura huit années. A partir du xvᵉ siècle et grâce aux réformes introduites par le gouverneur Sascarini, l'Ile put jouir d'une tranquillité relative. Mais Venise allait avoir à lutter contre un autre ennemi : les Turcs.

Maîtres de Constantinople et faisant des progrès incessants en Europe, les Turcs devaient songer à s'emparer de l'île de Candie. De fréquentes incursions turques eurent lieu sur les côtes de l'Ile et, en 1570, une guerre ayant éclaté entre la Porte et Venise, les Turcs portèrent tous leurs efforts contre Chypre et Candie. Malgré la destruction de la flotte turque à Lépante, Venise dut faire la paix en 1573 : elle cédait Chypre à la Porte et conservait Candie. Mais les Turcs cherchaient un prétexte pour s'emparer de l'Ile. Les chevaliers de Malte, après avoir détruit une flotte turque et enlevé la sultane et son fils qui se trouvaient sur l'un des navires, firent relâche avec leur butin à Candie. Furieux à cette nouvelle, le Sultan Ibrahim résolut d'exterminer tous les chrétiens de son Empire ; mais, sur les conseils de modération de son mufti, il se contenta de donner l'ordre d'égorger tous les Européens. Grand effroi des ministres, qui, craignant des représailles de la part des Puissances européennes, lui conseillent plus de modération ; Ibrahim consent alors à ne

faire égorger que les prêtres catholiques. En même temps
il fait emprisonner les ambassadeurs; c'était une manière
de procéder dont la Porte usait fréquemment à cette époque. Les ambassadeurs de Venise, d'Angleterre et de
Hollande lui représentent alors que les chevaliers de Malte
sont presque tous Français et, sur leurs insinuations, Ibrahim se dispose à déclarer la guerre à la France ; mais, sur
les conseils de son grand vizir, il résolut de s'emparer de
Candie.

Quarante mille hommes sont débarqués, sans aucune
déclaration de guerre, à la Canée et s'en emparent le
5 juin 1645, la flotte vénitienne étant arrivée trop tard
pour empêcher le débarquement. Jusuf, le général turc,
ayant accordé la vie sauve à tous les habitants de la
ville, Ibrahim le rappela à Constantinople et lui fit tran-
cher la tête. Les Turcs s'emparent peu à peu de toute
l'Ile et viennent mettre le siège devant Candie (1647) où
ils échouent. Le siège de cette ville dura 22 ans. Enfin en
1667, débarrassé de l'Autriche avec laquelle la paix avait
été signée à Wassewar (1664), Krupuli Ahmed résolut
d'en finir avec Candie et vint lui-même prendre le commandement des troupes. Deux ans plus tard, Candie capitulait (septembre 1669) et, chose extraordinaire à cette
époque, les clauses de la capitulation furent fidèlement
observées. Venise fit la paix et, par le traité de Paliocas-
tro (6 septembre 1669), elle abandonnait l'Ile à la Porte,
sauf quelques petites places fortes qu'elle conserva jusqu'au traité de Passarowitz (1718). L'Ile tombait désormais sous la domination ottomane; il est vrai que les
Crétois avaient fait peu de chose pour l'éviter et n'avaient
prêté qu'un faible appui à la République de Venise. La

domination turque ne leur apparaissait pas comme un mal. Ils devaient bientôt s'en repentir.

C'est pendant le siège de Candie que se produisit la première intervention européenne en Crète, intervention nullement diplomatique, comme toutes celles de notre siècle ; la diplomatie, en effet, avait peu d'influence sur la Porte à cette époque. Venise, dans sa lutte contre les infidèles, s'était tout naturellement adressée à Louis XIV, le roi très chrétien, pour « la soutenir et la défendre ». Bonsy, notre ambassadeur à Venise, n'osant s'engager sans instructions, se contentait de répondre vaguement que son maître était animé des « meilleures intentions (1) ».

Mais un grand mouvement se produisait en France en faveur de Venise ; des gentilshommes, enthousiasmés par la résistance de Candie, s'enrôlèrent et partirent sous les ordres du duc de la Feuillade avec l'approbation du roi. Partis de Toulon à la fin de septembre 1668, ils arrivèrent à Candie le 2 novembre. Malgré les conseils des chefs vénitiens, ils firent une sortie inconsidérée et, après un combat acharné, se retirèrent, laissant plus de la moitié de leur effectif sur le terrain. Découragé, la Feuillade se rembarqua avec les survivants, le 4 janvier 1669.

Néanmoins toute idée de secours n'était pas abandonnée en France. En effet, le 9 janvier, le Président Saint-André, qui venait d'être nommé ambassadeur de France à Venise, disait : « Je ne pouvais commencer les fonctions de mon ministère avec plus de satisfaction pour moy qu'en vous disant que j'ay des ordres nouveaux et pré-

---

(1) Correspondance de Venise. Archives du Ministère des Affaires étrangères.

cis de Sa Majesté pour vous assurer de sa part qu'elle travaille présentement à faire des efforts très considérables pour vous donner moyen par ses assistances de sauver la place que vous défendez depuis si longtemps avec tant de vigueur et de réputation (1) ».

En même temps, le pape Clément IX faisait un appel en Europe. Tous les princes chrétiens promirent du secours, mais personne ne tint sa promesse. Seul le Pape envoya quelques galères se joindre à la flotte française. 7.000 hommes partirent de Toulon, le 5 juin 1669, sous les ordres du duc de Beaufort et du duc de Navailles, et le 19 ils débarquaient à Candie. Là malheureusement on ne s'entendit pas avec les chefs vénitiens qui restaient dans l'inaction la plus complète. Une sortie malheureuse, où le duc de Beaufort trouva la mort, eut lieu dans la nuit du 24 au 25 juin. Devant l'inertie complète du général Morosini, Navailles, furieux de cette inaction, se rembarqua le 22 août. Bien entendu, en apprenant ce départ, Venise ne cessa de récriminer, ne nous gardant aucune reconnaissance du sang que la noblesse française avait si généreusement versé pour elle. Peu après d'ailleurs Candie capitulait.

Telle fut la première intervention française à Candie, intervention toute chevaleresque et pour ainsi dire spontanée, puisque Louis XIV, surtout lors de la première expédition, ne fit qu'approuver l'élan de l'opinion publique. Il y a là cependant pour notre droit moderne une violation certaine du droit des gens, un grave manquement aux devoirs de la neutralité. La France n'était pas en

(1) Correspondance de Venise. Archives du Ministère des Affaires étrangères.

guerre avec la Turquie, elle devait donc éviter d'envoyer et même d'encourager l'envoi de tout secours à la République de Venise. Mais à cette époque la théorie d'après laquelle le droit des gens n'existait pas pour les infidèles était encore en vigueur; tous les moyens étaient bons contre les Turcs.

Candie ayant succombé, les Turcs se trouvaient maîtres de l'Ile. Ils ne purent néanmoins jamais occuper les districts montagneux de Sphakia et d'Apokorona, dont les habitants, montagnards à l'esprit belliqueux et indépendant, ne permirent jamais aux troupes turques d'approcher. C'est de là que par la suite devait toujours partir le signal de la révolte, l'appel à l'indépendance. Maîtres de la Crète, les Turcs l'occupèrent en véritables conquérants. Leur premier soin fut de mahométaniser l'Ile; tous les moyens leur étaient bons pour cela et surtout la force et les violences; les églises furent détruites ou transformées en mosquées. Ils obtenaient des conversions par la violence et, sous l'empire de la terreur, des villages entiers se convertirent. Ces conversions par force étaient plus ou moins sincères et bien des chrétiens n'étaient devenus mahométans que pour la forme, gardant au fond leur religion. Quant à ceux qui ne voulurent pas se convertir, ils eurent à subir toutes sortes de vexations; les Turcs usaient vis-à-vis d'eux de l'arbitraire le plus odieux, soutenus par les autorités ottomanes.

Les autorités en effet ne devaient pas s'opposer à de tels faits. Les pachas étaient nommés à un poste en Crète par suite de la faveur du Sultan, faveur essentiellement éphémère, ils ne songeaient donc qu'à une chose : faire rapidement leur fortune. Et pour cela tous les moyens leur

étaient bons et notamment les exactions sur les chrétiens.
En 1728 par exemple les janissaires de Candie assassinè-
rent le Defterdar (trésorier général) de cette ville, qui
avait falsifié quatre firmans et avait contrefait non seulement les visas de la chancellerie impériale, mais même le
sceau particulier du Sultan.

Les étrangers d'ailleurs n'étaient pas mieux traités et
étaient en butte à des vexations de toutes sortes. Un navire
étranger allait-il quitter un port, chargé de marchandises
quelconques, d'huile par exemple, qu'un arrêté du pacha
gouverneur venait interdire l'exportation des huiles; le
commandant du navire devait alors obtenir une autorisation spéciale pour partir, autorisation qui ne s'obtenait
qu'à prix d'argent. En 1726, un Français fut assassiné à la
Canée ; malgré les protestations de notre ambassadeur à
Constantinople, on ne put obtenir l'arrestation du coupable, les musulmans de la Canée ayant déclaré que dans
ce cas ils égorgeraient tous les chrétiens de la ville. En
1765, le gouverneur de la Canée prétendit interdire aux
consuls d'arborer le drapeau de leur gouvernement sur
la maison du Consulat. C'était là une pure vexation et en
même temps une atteinte aux règles du droit international. Les Consuls amenèrent leurs pavillons, seul celui de
la France refusa et seul le drapeau français flotta sur la
Canée. Devant l'attitude très énergique du consul, le gouverneur n'osa aller plus loin. En 1788, dans la correspondance de notre ambassadeur à Constantinople, se
trouve le récit des mésaventures du chancelier du consulat de Russie :

« A la Canée, la Russie avait précédemment un consul
qui, après avoir essuyé toutes sortes de désagréments

de la part des Turcs, prit prudemment le parti de se
retirer pour éviter l'orage qu'il voyait se former sur sa
tête. Il avait laissé son chancelier chargé d'affaires ; ce-
lui-cy, après avoir vu le pavillon de sa souveraine renversé et mis en pièces par les plus mutins d'entre les
Caniotes, fut trop heureux de sauver sa vie en se réfu-
giant avec le drogman chez le consul de France qui leur
procura un embarquement pour Smyrne (1). »

Enfin en 1796, un juif du nom d'Abramaki, agent de la
République française à Réthymo, fut, sans raison aucune,
arrêté et bâtonné. Ce n'est que sur les vives réclamations
de notre ambassadeur à Constantinople que la Porte se
décida, bien qu'à regret, à déposer le pacha de Réthymo.

Ces quelques faits montrent bien l'attitude des Turcs
tant vis-à-vis des étrangers que des chrétiens en Crète.
Cette oppression devait faire regretter aux Crétois la
domination vénitienne. Une agitation constante régna
dans l'Ile, surtout du côté des districts montagneux de
Sphakia, et la première occasion favorable devait faire naître une insurrection. Ces dispositions belliqueuses étaient
entretenues d'ailleurs par la Russie qui, depuis la victoire
de Pultawa (1709), remportée par Pierre le Grand sur
Charles XII, avait pris un grand prestige sur les chrétiens
de l'Empire ottoman. Elle ne cessait de les exciter contre
« le loup ottoman ».

En 1768, la guerre ayant éclaté entre la Russie et la
Turquie, Catherine fit tous ses efforts pour soulever les
Grecs d'Orient ; une flotte russe venant de la Baltique

____

(1) La Crète jugée par la diplomatie du xviii⁰ siècle par HENRI STEIN. (*Revue bleue* du 26 nov. 1898), et Archives du Ministère des Affaires étrangères ; vol. 30, ff. 277, 270.

arriva dans la Méditerranée et croisa tout le long des côtes grecques; après avoir soulevé les populations chrétiennes, la flotte se retira, les abandonnant. Ce mouvement chrétien devait avoir un retentissement en Crète; un envoyé de Catherine, un Grec nommé Papazoglou avait excité les Crétois à la révolte et notamment les habitants du district de Sphakia. Un riche Sphakiote, Dascalo Janni (maître Jean), donna le signal de la révolte. Par suite de l'abandon des Russes, l'insurrection fut vite étouffée par les Turcs; sur leur promesse qu'il aurait la vie sauve, Dascalo Janni se rendit; il fut écorché vif et pendu à la Canée avec son frère. Le pays des Sphakiotes, qui jusque-là n'avait pas été soumis au joug des Turcs, dut subir ce joug; il devint l'apanage de la sultane mère, la Sultane Validé. Malgré cet abandon, les Russes restèrent très populaires en Crète; c'est de la Russie que l'on attendait la délivrance, ainsi qu'en témoigne cette vieille chanson que l'on chante encore aujourd'hui dans les montagnes de Sphakia :

« A chaque Pâques, à chaque Noël, il (maître Jean) mettait son chapeau et disait aux protoppas : J'amènerai le Russe. »

Catherine, d'ailleurs, rêvait la restauration de l'Empire grec par un de ses petits-fils (Constantin). Depuis longtemps elle avait fait part de ses ambitions à l'empereur d'Autriche, Joseph II, et tous deux songeaient à l'éventualité d'un partage de l'Empire ottoman. Ils échangèrent à ce sujet une correspondance très suivie, prévoyant bien sans doute quelques difficultés lors du partage, mais comptant bien chacun jouer l'autre à ce moment et se tailler la meilleure part.

Ainsi peu à peu prit corps ce fameux « projet grec », que l'on retrouve dans la correspondance des deux souverains (1). Au début (vers 1772), il comprenait simplement un partage, entre les deux empires, des possessions musulmanes en Europe : tandis que la Russie s'attribuait la partie orientale des Balkans avec Constantinople et les Dardanelles, l'Autriche prenait toute la partie occidentale, y compris la Morée et Candie. Sous cette première forme du projet, Candie devenait donc possession autrichienne. Mais une évolution se produisit, le projet fut peu à peu modifié et acquit sa forme définitive vers 1780. Il comportait alors la formation de deux grands États chrétiens : la Moldo-Valachie, dont on choisirait plus tard le souverain, et l'Empire grec, avec le petit-fils de Catherine, Constantin, à la condition expresse que les deux couronnes (Empire grec et Russie) ne fussent jamais réunies. Tout en fondant ces deux États, les souverains arrondissaient le territoire de leur Empire : la Russie, en se réservant notamment Otchakoff et deux îles de l'Archipel pour son commerce, l'Autriche, en prenant la petite Valachie, la Bosnie, l'Herzégovine et les côtes de Dalmatie. Pour indemniser Venise de ce que l'Autriche lui prenait sur les côtes de Dalmatie, on lui donnait La Morée, Candie et Chypre. Sous cette seconde forme du projet, Candie retombait donc sous la domination vénitienne. Peut-être alors les Crétois eussent-ils accueilli cette domination comme une délivrance en comparaison du joug turc. Néanmoins ce projet fut abandonné, les deux souverains dont

(1) De MARTENS. Traités de la Russie, 2ᵉ volume, p. 96, n° 36.

les ambitions étaient extrêmes n'ayant put s'entendre sur
le partage des territoires (1).

Mais un tel projet ne pouvait recevoir son exécution
sans l'approbation de la France ; Joseph II et Catherine
l'avaient bien compris. On avait circonvenu notre ambassadeur à Saint-Pétersbourg, M. de Ségur, qui fut pris
d'un grand enthousiasme pour ce projet, mais qui ne put
faire partager cet enthousiasme au gouvernement français
qui était déjà aux prises avec de graves difficultés intérieures.

Louis XVI d'ailleurs était partisan de l'intégrité de
l'Empire ottoman. Une lettre de M. de Vergennes au
baron de Breteuil, ministre d'État, datée de Versailles
du 26 juin 1785, nous montre bien la manière de voir et
les idées de la diplomatie de cette époque sur l'Empire
Ottoman et sur la Crète, idées qui, comme nous le verrons d'ailleurs, ont bien peu changé par la suite. Cette
lettre fait allusion à un mémoire envoyé au baron de Breteuil par un sieur Dandolo, qui rêvait pour la France
la possession de la Crète :

«... Personne ne doute, dit M. de Vergennes, de
l'importance de l'isle de Candie, du malheur de ses habitants et des vœux qu'ils font pour changer de maîtres.
Il est également certain que cette possession entre les
mains du Roy deviendrait la source de très grandes
richesses ; mais si la politique de Sa Majesté n'est pas
trompée, si chaque État reste, comme Elle le désire,
dans son intégrité, jamais l'isle de Candie ne sera occupée par une puissance chrétienne, et quand il y aurait
possibilité d'obtenir des Turcs la cession de cette isle,

(1) Voir DRIAULT, la Question d'Orient depuis ses origines, p. 56.

Sa Majesté ne voudrait pas risquer d'élever une guerre en profitant de leur faiblesse pour les dépouiller. Ce serait autre chose si l'Empire ottoman était renversé; mais avant de songer à prendre part à ses dépouilles, il est de la sagesse et de la Grandeur du Roy, d'empêcher sa chute. Je pense donc, Monsieur, que le mémoire du sieur Dandolo ne doit être regardé que comme l'expression des vœux d'un particulier, qui ne sont pas faits pour avoir de suite (1). » (*Archives Nationales*, cote 0¹493).

Ne croirait-on pas entendre la diplomatie contemporaine parler de l'intégrité de l'Empire ottoman ?

Napoléon Ier n'eut pas les scrupules de Louis XVI. L'Orient le tentait ; n'avait-il pas rêvé de traverser la Syrie et de revenir en Europe par Constantinople ! En 1797, lors de la campagne d'Italie, il songeait à s'emparer des îles Ioniennes, de Malte et des îles de l'Archipel, et il écrivait au Directoire : « De ces différents postes, nous veillerons sur l'Empire ottoman qui croule de toutes parts et nous serons en mesure de le soutenir ou d'en prendre notre part. » En même temps, il faisait entendre qu'il prendrait sous sa protection les Grecs des Iles (2). Il ne songeait nullement, comme Louis XVI, à empêcher la chute de l'Empire ottoman, il se proposait bien d'en prendre sa part, à moins qu'il n'eût plus grand intérêt à le soutenir.

Napoléon d'ailleurs devait reprendre ces idées plus tard, après la signature du traité de Tilsitt. Dans une

(1) La Crète jugée par la diplomatie du xviiie siècle, par Henri Stein (*Revue bleue* du 26 nov. 1898).

(2) Max Choublier, la Question d'Orient depuis le traité de Berlin (Introduction, p. 7).

lettre au tsar Alexandre Ier, du 2 février 1808, il proposait, pour achever l'Angleterre, la marche d'une immense armée franco-austro-russe vers Constantinople et les Indes. Mais avant de partir, Alexandre, prudent, voulut régler le sort de l'Empire ottoman et l'on procéda à un projet de partage. La Russie aurait : la Moldavie, la Valachie et la Bulgarie ; l'Autriche : la Serbie et la Roumélie; et la France : l'Albanie, la Bosnie, la Morée et Candie. Des difficultés surgirent sur la possession de Constantinople, que la France et l'Autriche refusaient à la Russie. Enfin on s'était entendu : la Russie prenait Constantinople et les Dardanelles, reconnaissant à la France l'Égypte et la Syrie. La guerre d'Espagne retarda l'entrevue des deux souverains et peu après les deux alliés étaient en guerre. Le projet tombait. Ainsi donc, en 1808 comme en 1797, Napoléon rêvait de faire de Candie une possession française.

Cependant la situation des chrétiens en Crète était devenue déplorable, il n'y avait plus pour eux ni lois ni justice; on les pressurait sans merci. La révolte de 1770 réprimée, le joug turc avait repris encore plus durement. A partir de cette époque, toute l'autorité passa aux mains des janissaires et de leurs chefs, les beys, qui devinrent omnipotents. Cependant, cette omnipotence devait porter ombrage au sultan. La plupart des gouverneurs que celui-ci envoyait en Crète étaient en effet déposés et renvoyés par les beys sous prétexte qu'ils leur déplaisaient. Pour mettre fin à ces abus, le Sultan envoya en 1813, comme gouverneur, Hadji-Osman-Pacha, homme habile et énergique et hostile au parti des beys. Celui-ci, comprenant qu'il n'arriverait à rien en s'attaquant ouvertement aux beys, s'entendit secrètement avec les chrétiens, leur fournit des armes et un jour, à un signal donné, on se saisit des beys et des principaux chefs janissaires, et on les passa par les armes. Pendant deux mois, il y eut dans l'Ile une véritable hécatombe de janissaires d'autant plus que les chrétiens étaient acharnés contre leurs anciens oppresseurs. Mais Hadji-Osman devint lui-même suspect, il fut rappelé à Constantinople et étranglé (1).

L'Ile retomba au pouvoir des beys et des janissaires dont le joug se fit d'autant plus sentir sur les chrétiens que ceux-ci ne les avaient guère épargnés sous le gouvernement de Hadji-Osman. Mais les chrétiens étaient las du joug de la Porte. Les idées d'indépendance qui commençaient à fermenter dans tout l'Orient chrétien devaient avoir un écho en Crète et les Crétois, encouragés par l'exemple des Grecs, allaient commencer la lutte pour l'indépendance, lutte longue et sanglante qui dura près d'un siècle.

(1) Castonnet des Fosses, la Crète et l'Hellénisme.

DEUXIÈME PARTIE

LUTTE DE LA CRÈTE POUR SON INDÉPENDANCE AU XIXe SIÈCLE

CHAPITRE PREMIER

Le concert européen et l'intervention

Ce qui caractérise la question d'Orient dans notre siècle, c'est l'intervention des Puissances européennes. Un fait grave se produit-il sur le territoire de l'Empire Ottoman, une discussion, une guerre éclate-t-elle entre le Sultan et quelques-uns de ses sujets, aussitôt quelques Puissances de l'Europe, s'intitulant elles-mêmes les « Grandes Puissances », interviennent pour régler la question. Car, en politique internationale, il faut surtout se défier de son voisin, une Puissance ne peut agir seule en Turquie sans exciter aussitôt la défiance des autres qui viennent se joindre à elle pour régler en commun la question litigieuse. C'est ainsi que fut créé le « concert européen » qui ne repose en somme que sur la défiance réciproque des Puissances vis-à-vis les unes des autres, et qui n'est qu'une fiction, car, comme nous le verrons au cours de cette étude, l'accord est loin de régner entre les divers gouvernements et ce mot de « concert » ne sert bien souvent qu'à masquer un simulacre de désintéressement des ambitions individuelles.

Cette intervention s'est développée au cours de ce siècle : elle ne comprenait que trois Puissances lors de l'insurrection de 1821, quatre en 1840 lors de la répression de l'insurrection de Méhémet-Ali et six en 1896 pour le règlement des affaires de Crète.

Cette intervention est-elle conforme aux principes de droit international public ? Nous ne le croyons pas. Quoi qu'on en dise, il n'y a pas de « Grandes » ni de « Petites » Puissances. Tous les États sont égaux et indépendants et le principe de souveraineté est le même partout. Cette égalité et cette indépendance sont essentielles, elles résultent de l'existence même de l'État, elles découlent directement de ce principe de souveraineté ; elles n'ont de limitation que dans la liberté même de l'État voisin. Ces principes étant admis, il est difficile de soutenir la légitimité de l'intervention, quelque forme qu'elle revête (force armée, menace, ou voie diplomatique), qu'elle soit individuelle ou collective. En fait et en droit, il y a incompétence pour les États étrangers en ce qui concerne les affaires intérieures d'un autre État. On a essayé de légitimer l'intervention dans plusieurs cas particuliers : notamment quand elle a lieu en vertu de la communauté de religion ou de race, ou bien quand elle a pour but la protection des droits individuels de certaines personnes, ou bien encore quand elle a lieu dans un but de conservation, de sûreté intérieure. Aucun de ces cas ne nous paraît susceptible de légitimer l'intervention.

Mais que l'intervention soit légitime ou non, qu'elle soit ou non un droit, elle existe en fait vis-à-vis de la Turquie.

C'est un droit que les Puissances, à tort ou à raison, se sont arrogé. C'est un droit spécial qu'elles ont créé à leur profit : le droit du plus fort. Mais là où il y a droit, il y a devoir ; en s'arrogeant ce droit, les Puissances se sont créé un devoir, une responsabilité. Elles sont responsables non seulement vis-à-vis de l'État chez qui elles interviennent et dont elles doivent, autant que possible, ne pas entamer les droits souverains, mais elles sont responsables aussi vis-à-vis de ceux en faveur de qui elles interviennent. Nous verrons comment les Puissances ont envisagé cette responsabilité notamment vis-à-vis du Sultan et des Crétois.

En outre, le Congrès européen, pour être efficace et sincère, pour constituer vraiment le Conseil souverain des États, ne devrait pas se borner à quelques Puissances qui prétendent avoir ainsi la direction de l'Europe et qui n'interviennent au fond que pour sauvegarder leurs intérêts, de crainte que l'État voisin ne profite de la situation. Le vrai concert européen devrait comprendre tous les États d'Europe, petits et grands ; ainsi que dans une assemblée politique, la minorité devrait être représentée aussi bien que la majorité. Seulement alors l'action du Congrès pourrait être efficace, car il n'aurait plus seulement la force mais le droit pour principe. « Il faut, disait Kant, que le droit public soit fondé sur une fédération d'États libres. » Cette fédération ne doit pas comprendre quelques États seulement mais tous les États, forts et faibles. Alors seulement on pourrait faire œuvre utile et juste, car à vrai dire il n'y aurait plus d'intervention, mais règlement intérieur par la fédération des États de leurs propres affaires. En dehors de cela, il n'y aura jamais qu'ambition et égoïsme, et l'œuvre du concert européen sera nulle ou à peu près.

Ce Congrès européen, borné à quelques États seulement, constitue donc une iniquité. Il y a, dans cette tyrannie des Puissances prétendant imposer leurs volontés aux autres, la création d'un droit des gens *spécial* faussant, comme nous le disions plus haut, les principes de souveraineté et d'indépendance des États, ainsi que celui de leur égalité absolue dans la société des nations. L'État donc qui se refuse à reconnaître l'action collective des Puissances est complètement dans son droit.

·Mais si cette intervention est injustifiable en droit, il faut reconnaître qu'en fait elle a été souvent efficace surtout vis-à-vis de la Turquie et qu'ainsi nombre de conflits et de massacres ont pu être évités grâce à l'action des Puissances sur la Porte. En Crète, cette intervention a été très variable, tantôt favorable, tantôt défavorable aux Crétois; mais au point de vue humanitaire on peut dire que cette intervention a été bonne, car elle a empêché parfois bien des massacres et bien des répressions sanglantes de la part de la Porte. C'est pourquoi, tout en blâmant vivement l'intervention au point de vue des principes du droit pur, il ne faut pas la condamner absolument, car, au point de vue purement pratique, elle a fait parfois œuvre utile.

Dans cette deuxième partie de notre étude, nous passerons en revue les insurrections crétoises au cours de ce siècle; nous assisterons à la lutte héroïque et incessante de ce peuple pour son indépendance, tantôt soutenu, tantôt mis en échec par les Puissances.

CHAPITRE II

Insurrection de 1822-1830. — Protocole du 20 février 1830.

Les idées de la Révolution française avaient trouvé en Orient un terrain favorable parmi les chrétiens. Depuis longtemps déjà des idées d'indépendance fermentaient, attendant une occasion favorable pour se manifester. La Grèce donna le signal, suivie presque aussitôt par la Crète. L'insurrection crétoise fut d'ailleurs très utile aux Grecs, car elle obligea la Porte à diviser son armée pour en envoyer une partie en Crète.

Le mouvement insurrectionnel, commencé par les Sphakiotes, prit de suite dans l'Ile un grand développement. Beaucoup de Crétois, en effet, pour se soustraire aux vexations des Turcs, avaient dû se convertir à l'Islamisme, tout en restant chrétiens de cœur. On baptisait même secrètement les enfants de sorte que de père en fils ils avaient deux religions et deux noms, l'un officiel et l'autre secret. Lors du soulèvement, le masque fut jeté et un grand nombre de Crétois se déclarèrent chrétiens. Pour encourager le soulèvement, le gouvernement insurrectionnel de Grèce envoya dans l'Ile un nommé Pierre Skilitzi Omeridis et nomma comme gouverneur de Crète un Grec, Emmanuel Fombazi. En même temps une assemblée crétoise se réunissait à Armenis et votait, le 20 mai 1822, une Charte constitutionnelle. Cette Charte comprenait sept sections : religion, droits des Crétois, divisions administratives, administration, élections au Parlement hellénique, correspondance officielle ; elle proclamait l'union à la Grèce.

La répression de l'insurrection par la Porte fut sanglante et des crimes atroces furent commis par les Turcs. Néanmoins les troupes ottomanes étaient sur le point d'être battues et le Sultan dut faire appel à son vassal Méhémet Ali pour reprendre la Crète. Celui-ci envoya son fils Ibrahim-Pacha à la tête d'une armée égyptienne et l'insurrection fut rapidement étouffée en Crète (1824).

En présence des atrocités commises tant en Crète qu'en Grèce, les Puissances songèrent à intervenir. Tout d'abord elles s'étaient montrées ennemies d'une intervention et condamnaient nettement l'insurrection grecque : le 12 mai 1821, une déclaration, émanant de l'Autriche, la Prusse et la Russie, condamne toutes les révolutions, prétendant que les peuples ne doivent avoir de libertés que celles que veulent bien leur donner leurs souverains. Mais, devant la sympathie générale qui se manifestait en Europe en faveur de l'insurrection grecque et devant la réprobation universelle soulevée par les actes de la Turquie, l'attitude des Puissances se modifie et l'idée de la possibilité d'une intervention s'affirme. A cette nouvelle, la Porte, peu habituée encore à ces sortes d'interventions dans ses affaires intérieures, proteste vivement. Dans une conversation avec l'ambassadeur d'Angleterre (1822), le Grand Vizir déclare : « Nous périrons plutôt que de souffrir l'intervention étrangère ; que chacun se mêle de ses affaires et non de celles des autres qui ne demandent rien et n'ont besoin de rien. »

Ces idées d'intervention restèrent longtemps très vagues. Le 9 janvier 1824, la Russie proposait aux Puissances de constituer dans la Grèce des principautés autonomes sous la suzeraineté du Sultan. On aurait ainsi érigé trois principautés dont la troisième ou Grèce méridionale comprenait la Morée et l'île de Candie. Quant aux autres îles de l'archipel « on les soumettrait à un régime municipal qui ne serait, au fond, que le renouvellement et la régularisation de privilèges qu'elles possèdent déjà depuis des siècles (1) ». Ainsi dans cette proposition la Russie unissait bien l'île de Candie à la Grèce, mais elle avait le tort de fractionner la Grèce elle-même. La grande difficulté d'une entente entre les Puissances consistait en effet dans les questions de territoire. Ainsi le 8 juin 1826, M. de Metternich écrivait au prince Esterhazy : « Il est difficile de se rendre un compte exact de ce que l'on doit entendre par Grèce. Entend-on parler du Péloponèse ou des îles, ou bien de toutes les parties de la Turquie européenne qui renferment une majorité chrétienne (1) ? »

Enfin après bien des hésitations, la France, la Grande-Bretagne et la Russie s'entendent, dans le traité du 6 juillet 1827, sur les bases d'un arrangement à proposer à la Porte, mais laissent soigneusement de côté les questions territoriales. L'article 3 est en effet ainsi conçu : « Les détails de cet arrangement ainsi que les limites du territoire sur le continent et la désignation des îles de l'Ar-

<hr>

(1) BIKÉLAS, Formation de l'Etat grec (*Revue d'histoire diplom.*, 1887).

chipel auxquelles il sera applicable seront déterminés
dans une négociation à établir ultérieurement entre les
Grandes Puissances et les deux parties contendantes (1). »
Dans les deux déclarations adressées à la Porte les 16 et
31 août 1827 au sujet de la suspension des hostilités en
Grèce, il n'est fait aucune allusion à l'Ile de Candie.

Devant ce silence, une grande inquiétude se manifeste
dans l'Ile. Les Candiotes vont-ils retomber sous le joug
de la Porte? Les Grecs protestent également. Des Congrès
sont réunis et des adresses, notamment à la suite du Congrès de Trézène, sont remises aux représentants des Trois
Puissances réunis à Poros pour fixer les limites du nouveau royaume. Le comte Capo d'Istria, dans une note remise confidentiellement aux représentants des trois Cours
alliées les 11 et 13 septembre 1828, insiste pour obtenir
l'union de Candie à la Grèce : « L'île de Candie formerait
la dernière limite du côté du Sud et serait la sauvegarde
des autres îles de l'Archipel. La possession de Candie
paraît être d'autant plus indispensable aux Grecs que,
dans l'état actuel des choses, l'Archipel et le Péloponèse
même seraient exposés aux dangers les plus imminents.
Au pouvoir des Turcs ou de Méhémet-Ali, cette île de-
viendra un dépôt de forces considérables d'où les Turcs
seraient en mesure d'attaquer sourdement la Grèce (2). »
Devant cette insistance, les représentants des Cours alliées
qui, réunis à Poros, voyaient mieux les choses et de plus
près, reconnaissent la justesse de ces réclamations et, dans
une note confidentielle adressée au gouvernement grec
le 8 décembre 1828, ils déclarent que, pour les îles de

(1) De Clercq. Recueil des traités de la France. 3me volume, p. 450.
(2) Correspondance du comte Capo d'Istria. Supplément, p. 458.

Samos et de Candie, « ils se feront un devoir d'exposer tous leurs titres à la haute protection de l'Alliance et à l'application, en leur faveur, des principes du traité de Londres (1) » Ces termes sont très ambigus, on promet bien « l'application des principes du traité de Londres », mais d'une façon très vague et cela n'entraîne nullement l'union de ces îles à la Grèce.

Cette union à la Grèce aurait sans doute eu lieu à cette époque sans l'opposition irréductible de l'Angleterre. La France en effet, entraînée par l'élan de l'opinion publique en faveur de l'Hellénisme, ne s'opposait nullement à cette annexion ; bien au contraire, le plénipotentiaire français, dans un mémorandum du 22 mars 1829, recommande « l'annexion de la Crète à la considération favorable des autres Puissances (2) ». La Russie était toute disposée à cette annexion ; elle était de toutes les Puissances la plus intéressée à la ruine de l'Empire Ottoman. Seule l'Angleterre se refusa énergiquement à cette annexion. Il est difficile de s'expliquer le but de la politique anglaise dans ces circonstances ; elle voulait sans doute faire de la Grèce un État sans territoire, incapable de subsister. C'est elle qui fit le plus de difficultés dans le règlement des questions territoriales. Lord Aberdeen écrivait le 24 septembre 1829 au duc de Wellington : « Si la Turquie est encore capable de quelque effort, la possession de l'île d'Eubée ajoutée à celle de la Crète lui assurerait les moyens de tenir la Grèce sous son contrôle. » Il est bien évident que le ministre anglais espérait voir la Porte rétablir son autorité en Grèce à bref délai ; mais, grâce

(1) De Clercq, *op. cit.*, p. 529.
(2) Bikélas, *op. cit.*

à l'opposition énergique de la France, l'Eubée fut annexée
à la Grèce. D'autre part, l'Angleterre était jalouse de
l'influence française en Grèce et de la popularité dont la
France jouissait parmi les Grecs. Le duc de Wellington
essayait de détruire cette popularité et d'indisposer les
Grecs contre nous. « La France, répétait-il, joue un double jeu : d'un côté elle a entrepris la formation de l'armée égyptienne, et de l'autre elle encourage les Grecs. »

Quoi qu'il en soit, l'Angleterre eut gain de cause et, par
le protocole du 3 février 1830, il est définitivement décidé
que l'île de Candie ne fera pas partie du nouveau
royaume. Néanmoins le mouvement en faveur de la Crète
ne fut pas stérile, car, dans le protocole du 20 février et
dans la note adressée à la Sublime Porte le 8 avril 1830,
les Puissances déclarent qu'elles se croient « tenues d'assurer aux habitants de Candie et de Samos une sécurité contre toute réaction quelconque » et demandent à
la Porte d'assurer cette sécurité par « des règlements précis (1) ». C'est là un exemple d'intervention dans l'organisation intérieure d'un pays. La Porte adhéra à cette
note le 24 avril suivant. La Crète retombait donc sous la
domination ottomane, avec la promesse cependant de
règlements assurant à ses habitants « une protection efficace contre des actes arbitraires et oppressifs (1) ».

Le prince Léopold de Saxe-Cobourg, qui avait accepté
la couronne de Grèce, ne cessa de réclamer l'annexion de
la Crète ; il prétendait ne pas comprendre la politique anglaise et le 11 février 1830, dans sa réponse à la Note collective des Puissances, il disait : « L'exclusion de la Crète

____

(1) De Clercq, *op. cit.*, p. 565.

estropie l'État Grec physiquement et moralement (1). »
Enfin il donna sa démission le 31 mars 1831 déclarant ne
pas vouloir « attacher son nom dans l'esprit des Grecs à
la mutilation de leur patrie et à l'abandon de ceux de
leurs frères qui, ayant combattu avec eux pour l'affranchissement de la patrie, s'en voyaient maintenant ex-
clus (2) ». Lors de la nomination du prince Othon au
trône de Grèce, le roi Louis de Bavière, son père,
demanda encore l'annexion de la Crète. L'Angleterre
refusa.

Ce fut une grosse faute de la part de la France et de la
Russie que de céder à la politique de l'Angleterre ; en
demandant formellement l'annexion de la Crète et en
agissant fermement, elles eussent sans doute forcé l'Angleterre à céder, la question crétoise eût été réglée une
fois pour toutes et bien des difficultés postérieures eussent
été ainsi évitées. Tous les hommes politiques de cette époque étaient partisans de cette annexion. Guizot réclame
pour la Grèce « la Thessalie, Candie et de meilleures
frontières » (*Mémoires*). Thiers prétend qu'il n'y a
« qu'une Grèce renforcée par les Iles Ioniennes, par la
Crète... qui pourra être digne de ce nom et capable de
maintenir son indépendance (3)... ». Enfin, en Angleterre
même, lord Palmerston déclarait, à la tribune du Parlement, que laisser la Crète entre les mains des Turcs est
une « injustice » et il ajoutait : « Je ne doute pas que l'indépendance et la défense de la Grèce ne dépendent de
la Crète... Le défaut de frontière la priverait de tous

(1) Correspondance du comte Capo d'Istria. Supplément, pp. 449 et suiv.
(2) BIKÉLAS, *op. cit.*
(3) THIERS, De l'état actuel de la Grèce, tome I, p. 202.

moyens de défense et mettrait tous les jours son existence en doute par l'injuste occupation de la Crète par
les Turcs (1). » Enfin il terminait en prédisant de ce
fait de graves difficultés pour l'avenir. Ainsi donc l'opinion publique était partout en faveur de l'union de la
Crète à la Grèce ; les Puissances, les unes par faiblesse,
l'autre par ambition sans doute, résolurent la question à
l'encontre des vœux des Grecs, des Crétois, de l'opinion
publique, et peut-être aussi du bon sens.

De toutes les Puissances, la France avait certainement
montré le plus de sympathies à la Crète. Devant la solution donnée à la question crétoise, Charles X avait tenté
un nouvel effort en faveur des Crétois. Il avait fait la proposition aux Cours alliées de racheter la Crète au Sultan
d'un commun accord, moyennant une somme de quarante
millions de piastres, et d'annexer l'île à la Grèce. Malheureusement cette proposition, faite à la fin de juin 1830, pré-
cédait de peu la révolution de Juillet, qui précipita ce
prince du trône et renversa tous ses projets (2).

Une autre idée de Charles X avait été le partage de
l'Empire ottoman. Un projet en avait été élaboré par
Bois le Comte et M. de Polignac, en réponse à un autre
projet de partage conçu par Metternich et d'où la France
était exclue. Ce projet, qui refoulait complètement les
Turcs en Asie, bouleversait la carte d'Europe, faisant disparaître la Hollande que l'on donnait à la Prusse, et la
Belgique que prenait la France, tandis que l'Autriche et
la Russie se partageaient la péninsule Balkanique. En

____

(1) La Crète devant l'Europe chrétienne, p. 5.
(2) Baron de la BARRE DE NANTEUIL, l'Orient et l'Europe depuis le
XVIIe siècle.

outre, Constantinople, une partie de la péninsule des Balkans, la Grèce et les îles de l'Archipel (Candie) étaient érigées en un vaste empire chrétien à la tête duquel on mettait le roi de Hollande. Ce projet, approuvé par Charles X, fut porté à Saint-Pétersbourg par Mortemart, mais devant l'attitude plus que réservée du Tsar qui ne trouvait sans doute pas sa part assez belle, le projet n'eut pas de suites (1). La Crète restait donc au pouvoir du Sultan.

(1) Baron de la BARRE DE NANTEUIL, *op. cit.*

CHAPITRE III

La Crète sous la domination égyptienne. — Rétrocession de l'Ile à la Turquie (1840). — Hatti-Hou-Mayoum du 18 février 1856. — Insurrection de 1856-1858. — Firman du 7/19 juillet 1858.

La Porte, le 24 avril 1830, avait formellement adhéré, « dans le but d'assurer la tranquillité des provinces et le bien-être des peuples, » à la note des trois Cours alliées en date du 8 avril précédent. Elle avait donc de ce fait contracté vis-à-vis des Puissances l'obligation d'édicter dans les îles de Samos et de Candie des règlements spéciaux. Mais les Puissances aussi avaient contracté une obligation vis-à-vis des Candiotes. S'étant arrogé le droit d'intervenir dans les affaires intérieures de la Turquie, elles avaient le *devoir* de surveiller l'application des règlements promis; elles devaient assurer aux Crétois l'exécution des promesses contenues dans le protocole du 20 février 1830 où elles déclarent qu'« *elles se croient tenues* d'assurer aux habitants de Candie et de Samos une sécurité contre toute molestation.... » et où, prévoyant le cas de mauvaise volonté de la part de la Porte, il était convenu que « chacune des Puissances alliées, sans prendre toutefois un engagement spécial et formel à cet effet, *croirait de son devoir* d'interposer son influence auprès de la Porte... (1) ». Ainsi donc, tout en déclarant ne pas prendre « un engagement formel », les Puissances reconnaissaient avoir contracté une obligation morale, un devoir. Elles eurent le tort de compter sur la bonne foi de la Porte et de ne pas s'inquiéter de l'exécution des promesses faites.

Dès 1831, le Sultan cède la Crète à Méhémet Ali, en récompense des services rendus pendant l'insurrection grecque et moyennant une somme de 25 millions de piastres. Ce n'était pas là ce qu'espéraient les Crétois ; ils protestèrent vivement « devant la chrétienté et le monde civilisé », proclamant « éternelle et immuable leur union avec les Hellènes ». Ces protestations restèrent sans réponse, les Puissances restèrent sourdes à cet appel ; la France d'ailleurs, la seule véritable alliée des Crétois, ne voyait pas d'un mauvais œil la cession de l'Ile à Méhémet, son protégé. Du reste, les Crétois n'eurent pas à se plaindre de la domination égyptienne, qui fut dure sans doute, mais sage et équitable. Méhémet Ali mit à la tête de l'Ile un Albanais, comme lui, Mustapha Pacha (1832), qui resta gouverneur jusqu'en 1852. Son administration fut sévère, mais juste ; il réforma les abus, de quelque côté qu'ils se produisissent, avec une grande impartialité. Il eut à combattre une insurrection (1833) provoquée par l'avènement au trône de Grèce du roi Othon, qui demandait l'annexion de la Crète ; la répression fut sévère, mais rapide. Il supprima la tyrannie des beys et des janissaires et fit disparaître le brigandage. Enfin, pour avoir le calme dans l'Ile, il prit le parti d'exclure les Turcs de

(1) De Clercq, *op. cit.*, p. 564.

l'administration locale, qu'il mit presque tout entière entre les mains des Albanais ; les Turcs ainsi furent dans l'impossibilité d'opprimer les chrétiens.

La sécurité étant revenue dans l'Ile, un fait curieux se produisit : ce fut le déplacement de la propriété foncière. Jusque-là les terres avaient appartenu aux Turcs, qui s'en étaient emparés lors de la conquête. Ces Turcs, ordinairement des beys, paresseux et dépensiers, ne vivant que d'exactions, furent ruinés par l'administration de Mustapha ; ils vendirent leurs terres à bon compte aux Grecs, qui étaient travailleurs et les cultivèrent. Ainsi, en peu de temps, de musulmane qu'elle était, la propriété foncière devint presque entièrement grecque.

Mais cette ère de prospérité ne devait pas durer bien longtemps. A la suite des événements de 1840, il fut décidé, dans la Convention conclue à Londres le 15 juillet 1840, que la Crète serait retirée des mains de Méhémet Ali pour retomber sous la domination ottomane. Dans l'Acte annexé à cette Convention, le Sultan accordait à Méhémet le pachalik d'Égypte à titre héréditaire et le pachalik d'Acre à titre viager, à condition qu'il promît « de se retirer « immédiatement de l'Arabie, de l'Isle de Candie... (1) ». L'Ile est donc traitée ici comme si elle avait été une conquête de Méhémet Ali, comme l'Arabie ou la Syrie, alors que le Sultan la lui avait librement donnée comme prix de services rendus et moyennant une indemnité.

A la nouvelle de la rétrocession de l'Ile à la Porte, les Crétois se soulevèrent. Dans cette révolte, ils furent ouvertement soutenus par le consul anglais et purent croire

_____

(1) De Clercq, *op. cit.*, 2ᵉ volume, p. 576.

un instant avoir l'appui de l'Angleterre. Mais bientôt après le consul était désavoué par son Gouvernement et sa conduite sévèrement blâmée. Néanmoins, l'attitude de l'Angleterre pendant tous ces événements fut bien singulière. Ce fut sur la proposition de lord Palmerston à la Conférence de Londres qu'il fut décidé de rendre la Crète à la Porte. La France, on le sait, se trouvait exclue par l'Angleterre de la Conférence. Dans une lettre à lord Palmerston, M. Guizot lui disait au sujet de cette rétrocession de la Crète à la Porte : « La France ne voit pas que ce serait utile pour le Sultan, car on tiendrait ainsi à lui donner ce qu'il ne pourrait ni administrer, ni conserver (1). » Il semble d'ailleurs qu'en cette circonstance l'Angleterre n'ait pas été tout à fait désintéressée ; elle espérait sans doute prendre plus facilement la Crète des mains du Sultan que de celles de Méhémet. M. Guizot y fait d'ailleurs allusion dans une lettre mordante qu'il adresse à lord Palmerston, où il lui rappelle qu'au retour du Liban « les vaisseaux anglais avaient inspecté les côtes de l'Ile et sondé soigneusement la baie de la Sude (1) ».

Cependant la Crète put jouir encore d'une période de calme, grâce à l'administration de Mustapha, qui resta gouverneur de l'Ile jusqu'en 1852. L'agitation produite en France par la révolution de 1848 se propagea en Orient. Une révolution éclate en Hongrie. Ces troubles ont un contre-coup en Crète ; une grande effervescence se manifeste dans l'Ile et une insurrection éclate qui est rapidement étouffée. A l'occasion de cette insurrection, une certaine agitation en faveur des Crétois se manifesta en

(1) LAROCHE, la Crète ancienne et moderne, p. 193.

Grèce. Alexandre Mavrocordato adressa au roi Othon, qui le communiqua aux Puissances, un mémoire réclamant l'annexion de la Thessalie, de la Macédoine et de l'Ile de Crète. Les Puissances ne répondirent point.

Nous arrivons ainsi à l'insurrection de 1858. Ce qui caractérise cette insurrection, c'est que, chose peut-être unique dans l'histoir' de la Crète, elle a éclaté et s'est déroulée sans effusion de sang. Les causes de l'agitation reposant sur la violation du Hatti-Hou-Mayoum du 18 février 1856, il est nécessaire de prendre les faits à partir de cette date.

Dans le Congrès de Paris, réuni en 1856 à la suite de la guerre de Crimée, les Puissances s'étaient beaucoup préoccupées de la situation des Chrétiens en Orient. L'article 7 du traité de Paris, du 30 mars 1856, admettait la Porte à participer aux avantages du droit des gens européen et lui garantissait l'intégrité de son Empire à condition que le Sultan se conformât toujours dans son administration aux principes du droit public européen. Cette admission de la Porte au droit des gens européen n'est qu'une formule et n'a jamais été appliquée ; dès que la Porte a voulu en tirer les conséquences, et, dans le Congrès même, lorsqu'elle demanda la suppression des capitulations et des privilèges accordés aux étrangers (privilèges contraires à la souveraineté, suivant le droit public européen), elle fut éconduite. — En outre, l'article 9 du même traité était ainsi conçu : « S. M. I. le Sultan, dans sa constante sollicitude pour le bien-être de ses sujets, ayant octroyé un firman qui, en améliorant leur sort sans distinction de religion, ni de race, consacre ses généreuses intentions envers les populations chrétien-

nes de son Empire, et voulant donner un nouveau té-
moignage de ses sentiments à cet égard, a résolu de
communiquer aux Puissances contractantes le dit firman, spontanément émané de sa volonté souveraine.
Les Puissances contractantes constatent la haute valeur
de cette communication. Il est bien entendu qu'elle ne
saurait dans aucun cas donner le droit aux dites Puissances de s'immiscer soit collectivement, soit séparé-
ment dans les rapports de S. M. le Sultan avec ses sujets, ni dans l'administration intérieure de son Empire (1). » Par cette clause du traité, les Puissances re-
nonçaient-elles à intervenir jamais? Nullement, mais les
plénipotentiaires étaient éblouis sans doute par le Hatti-
Hou-Mayoum du 18 février, à qui l'on donnait un caractère de spontanéité qu'il n'avait pas en réalité. Le Sultan en effet avait donné là une preuve de grande habileté ;
voyant avec inquiétude la sollicitude des Puissances pour
les chrétiens d'Orient, il avait préféré faire de lui-même
des concessions plutôt que d'être forcé d'en faire peut-être
de plus grandes sous la pression des Puissances. Il sau-
vegardait ainsi et ses intérêts et sa dignité. Les plénipotentiaires se figuraient donc qu'une ère nouvelle de réformes
allait s'ouvrir et que, tout allant pour le mieux en Orient,
l'intervention serait désormais inutile. C'était là beaucoup
d'optimisme et c'était bien peu connaître le caractère
ottoman. En outre cet article contient une contradiction,
il donne d'une main ce qu'il retire de l'autre ; bien plus,
sous prétexte de non-immixtion, il encourage au con-
raire l'immixtion dans les affaires intérieures de l'Empire ottoman. En effet, cette clause de non-immixtion a

(1) De Clercq, *op. cit.*, 7ᵉ vol., p. 63.

pour condition fondamentale la vérification par les Puissances de l'application du Hatti-Hou-Mayoum. Les faits
d'ailleurs ont bien prouvé par la suite que les Puissances
n'entendaient nullement renoncer à l'intervention (1).

Le Hatti-Hou-Mayoum assurait à tous les sujets de l'Empire ottoman l'égalité civile, religieuse et militaire :
«... L'égalité des impôts entraînant l'égalité des charges, comme celle des devoirs celle des droits, les sujets
chrétiens et des autres rites non musulmans devront,
ainsi qu'il a été antérieurement résolu, aussi bien que
les Musulmans, satisfaire aux obligations de la loi de
recrutement (2). » C'était le service obligatoire pour
tous et la suppression de l'impôt spécial (karach) payé
par les chrétiens. Comme conséquence de l'égalité religieuse octroyée par le firman, Vély-Pacha, gouverneur
général de l'Ile, proclama la pleine liberté de conscience. Le même fait que lors de l'insurrection grecque
de 1821 se reproduisit alors : des conversions en masse
eurent lieu et un grand nombre de Crétois, qui n'étaient
musulmans que de nom, se déclarèrent chrétiens. La
Porte, effrayée du nombre de conversions qui se produisaient, voulut les empêcher et usa de violences. Ces
violences furent même favorisées par M. Ougley, le consul d'Angleterre à la Canée, qui notamment prêta son
concours à Vély-Pacha pour s'emparer d'une jeune fille
turque qui s'était convertie au christianisme. Celle-ci
s'étant sauvée se réfugia chez M. Derché, notre consul,
qui montra une grande fermeté et, malgré les réclama-

(1) LAROCHE, la Crète ancienne et moderne, p. 144.
(2) Voir ROLIN-JAEQUEMYNS, le Droit international et la question d'Orient
Revue de droit international et de lég. comp., 1876, p. 323.

tions de Vély-Pacha et de M. Ougley, refusa de la rendre et la fit secrètement embarquer.

Ces violences exaspérèrent les Crétois et des symptômes d'insurrection se manifestèrent bientôt de tous côtés. D'ailleurs une certaine agitation régnait dans l'Ile depuis 1854. Devant la mauvaise foi évidente de la Porte, deux cents chrétiens s'assemblèrent, en mai 1856, à Périvolia, près de la Canée ; leur nombre augmente rapidement en peu de jours et ils rédigent une lettre de protestation qu'ils font remettre aux consuls à la Canée, sauf à celui d'Angleterre. Dans cette lettre, les Crétois se mettaient sous la protection des Puissances et énuméraient leurs griefs qui portaient sur trois points principaux :

1° L'égalité religieuse n'existait pas ; ils signalaient les violences de Vély-Pacha, encouragées par le consul d'Angleterre ;

2° Par le firman de 1856, les chrétiens étaient astreints au service militaire comme les musulmans. Un firman de 1858 avait décrété qu'on pourrait se racheter du service moyennant une indemnité de 5.000 piastres. C'était là déjà une dérogation aux stipulations du firman ; sans doute cette dérogation était toute en faveur des chrétiens, mais ceux-ci prétendaient que, pour augmenter leurs profits, les fermiers d'impôts soumettaient à la taxe des vieillards, des infirmes, des enfants, sans compter les doubles inscriptions ;

3° Enfin les Crétois accusaient Vély-Pacha de dépenser les deniers publics pour ses besoins personnels et non pour des travaux d'utilité publique. Ils réclamaient le départ de Vély-Pacha.

Devant ces protestations adressées aux consuls, Vély,

conseillé par M. Ougley, répond aux insurgés par une lettre où il dit notamment à l'adresse des consuls : « MM. les « Consuls n'ont pas à examiner autre chose que les affai- « res de leurs nationaux, ni à se mêler de celles des « sujets ottomans (1). »

Devant les réclamations des Crétois, la Porte tergiverse, mais, sur les instances des ambassadeurs à Constantinople, le 3 juin, elle envoie en Crète une flotte commandée par l'amiral Achmet-Pacha, porteur d'instructions pacifiques. Enfin le 23 juin Vély-Pacha est destitué et doit remettre ses pouvoirs à l'amiral Achmet-Pacha. Vély refuse et se réfugie à Halépa, chez M. Ougley, avec qui il s'embarqua d'ailleurs dans le courant de juillet. Dans ces circonstances, le consul anglais avait pris franchement parti pour la Porte contre les chrétiens ; il est à remarquer que le gouvernement anglais ne songea pas à le désavouer, comme il l'avait fait en 1840, lorsque son consul favorisait les Crétois.

Le 12 juillet, Sami-Pacha, le nouveau gouverneur, arriva dans l'Ile porteur du firman du 7/19 juillet 1858. Dans ce firman, après un préambule, le Sultan proteste de ses bonnes intentions : « Les derniers événements accomplis dans cette île serviront encore de preuve de ses intentions ; sitôt qu'il a été renseigné de ce qui s'y passait, il a envoyé S. E. Achmet-Pacha... s'informer de vos réclamations. » Il blâme ensuite les Crétois de leur attitude : « Votre manière de procéder fut d'abord très inconvenante et malséante. » Il rappelle les principales réclamations des Crétois. Enfin suit l'énumération des

---

(1) LAROCHE, *op. cit.*, p. 152.

concessions accordées : amnistie générale, permission d'avoir des armes, mais défense à tous (musulmans et chrétiens) de sortir armés, liberté de conscience (confirmation du Hatti-Hou-Mayoum), promesses de certains travaux utiles (routes), exemption de certains impôts (1).

Ainsi se termina cette insurrection sans effusion de sang. Les Crétois, par leur énergie et surtout par leur calme, obtinrent des concessions et rendirent inutile l'intervention des Puissances. Seule la France crut devoir envoyer à la Canée un croiseur, le *Solon*, pour protéger ses nationaux en cas de troubles graves. M. Derché, notre consul à la Canée, et M. Itard, notre agent consulaire à Mégalo Castro, protégèrent avec une grande énergie les chrétiens contre les violences de Vély-Pacha. Quant à l'Angleterre, la conduite de son consul fut indigne, elle eut le tort de l'encourager par son silence. Celui-ci d'ailleurs devint si impopulaire à la Canée qu'il dut quitter cette ville avec Vély-Pacha.

(1) Voir ce firman en entier dans Laroche, *op. cit.*, p. 158.

CHAPITRE IV

Révolution de 1866-1868. — Règlement
du 8/20 janvier 1868

Les réformes promises par le firman de 1858 n'avaient
reçu aucune application. Sami-Pacha, qui resta gouverneur
de l'Île jusqu'en 1861, sut cependant maintenir le calme ;
il se montra toujours plein d'adresse dans ses rapports
parfois difficiles avec les musulmans et les chrétiens.
Ismaïl-Pacha, qui le remplaça, se désintéressa de son
administration, qu'il abandonna à une coterie de Grecs. Il
avait adopté « un système de concessions ou, pour mieux
dire, de promesses continuelles, dont la réalisation était
toujours renvoyée tantôt pour un motif, tantôt pour un
autre ». (Lettre de M. Derché à M. Drouyn de Lhuys) (1).
Dès lors une assez grande agitation se manifesta dans
l'Île, notamment après la victoire des Italiens et leur
affranchissement. M. le marquis de Moustier, notre
ambassadeur à Constantinople, signale cette agitation.
« Les populations grecques, dit-il, qui ont l'œil sur tous
les mouvements italiens, s'agitent déjà (2). » Dès la fin
de 1865, les consuls des diverses Puissances avertis-

____

(1) *Archives diplom.*, 1867, 1er vol., p. 334.
(2) *Archives diplom.*, 1867, 1er vol., p. 339.

sent leurs Gouvernements respectifs de cette agitation, prévoyant de graves désordres.

L'insurrection éclata en 1866. Au début, le mouvement fut pacifique, comme celui de 1858 ; mais, devant l'attitude de la Porte, qui envoya des troupes, la lutte devint bientôt sanglante.

Au printemps de 1866, les chrétiens se réunissent sans armes à Bautzonnaria, et le 14/26 mai rédigent une pétition adressée au Sultan. Après un préambule de soumission, ils réclament l'allègement des impôts : « Depuis 1858 jusqu'à aujourd'hui, contrairement à l'esprit des concessions, loin de diminuer les impôts, on nous a surchargés de taxes nouvelles sous diverses dénominations (1) ; » ils demandent aussi la réfection des routes (art. 2), la mise en vigueur des privilèges accordés en 1858 (art. 3), la réforme de la juridiction (art. 5) et la tolérance religieuse (art. 6). Cette pétition est également remise aux consuls avec une adresse où les Crétois, après avoir décrit la situation malheureuse de l'Ile, concluent ainsi : « Le seul moyen d'améliorer réellement son sort serait de confier l'organisation ultérieure de cette Ile à la sollicitude des trois grandes Puissances (2). » Ainsi les Crétois réclamaient dès 1866 l'organisation de l'Ile par les Puissances. Cette idée fut reprise 30 ans plus tard, en 1896-98, mais les Puissances, nous le verrons, furent impuissantes à élaborer un règlement en commun. Les consuls transmirent cette pétition à leurs Gouvernements.

En la communiquant à M. Drouyn de Lhuys, le 1er juin, M. Derché, notre consul, reconnaissait la légitimité des

<hr>

(1) *Arch. diplom.*, 1867, 1er vol., p. 342 (texte entier de la pétition).
(2) *Arch. diplom.*, 1867, 4e vol., p. 170.9.

revendications crétoises. « Il est de mon devoir, disait-il, de faire ressortir aux yeux de Votre Excellence les demandes qui, d'après moi, méritent une sérieuse attention et auxquelles je crois que satisfaction peut et doit être donnée (1). » En même temps, M. Derché, aidé cette fois de M. Dickson, consul d'Angleterre, conseillait la modération au Gouverneur et aux Crétois. Les consuls russes et italiens, au contraire, poussaient les chrétiens à la révolte ; le Gouverneur d'ailleurs attribuait cette agitation à des menées étrangères.

La Porte tardait beaucoup à faire connaître sa réponse et le nombre des insurgés augmentait chaque jour. Enfin, le 23 juillet, cette réponse arrive sous forme d'une lettre du Grand-Vizir au Gouverneur Général. Elle ne contient que des fins de non-recevoir et même des menaces, et se termine ainsi : « Si les personnes réunies en ce moment se soumettent, donnent des garanties par écrit de leur obéissance dans l'avenir et si chacun retourne chez soi et reprend ses travaux, tout sera oublié. Si, malgré tout ce qui précède, elles persistent, la troupe marchera contre elle, s'emparera des chefs... en dispersant les autres par la force (2). » En même temps que cette réponse, des troupes turques étaient arrivées dans l'Ile.

L'effet d'une telle réponse devait être infaillible. Elle fut affichée le 1ᵉʳ août à la Canée, le lendemain les Crétois adressaient une protestation au Gouverneur Général, protestation qui fut communiquée aux consuls : « En conséquence de la réponse qui ne nous est pas favorable et des menaces qu'elle contient... nous avons été obli-

(1) *Arch. diplom.*, 1867, 1ᵉʳ vol., p. 342.
(2) *Arch. diplom.*, 1867, 1ᵉʳ vol., p. 351.

gés de remettre à MM. les Consuls des Puissances amies, une protestation pour leur faire connaître que nous prenons les armes non pas contre le Gouvernement, mais pour notre défense individuelle, craignant la mauvaise foi d'Ismail-Pacha (1). »

C'était la révolte, les Crétois en prévenaient les Puissances *amies*. Ils prennent les armes et le 16/28 août, dans le manifeste de Prosnéron, ils proclament leur indépendance : « Animés du sentiment de la grandeur et de l'unité nationales, confiants dans la justice de notre cause, nous proclamons hardiment devant Dieu et devant les hommes notre volonté unanime et notre ardent désir de nous voir réunis à la Grèce, notre patrie commune (2). » Quelques jours plus tard, l'Assemblée générale réunie à Sphakia de Crète (21 août/2 sept.) : « Considérant qu'il n'est pas permis d'attendre du Gouvernement Ottoman aucun progrès moral ou matériel... accepte et décrète :

« 1° Elle répudie pour toujours de l'île de Crète et de ses dépendances la domination turque;

« 2° Elle déclare l'union indivisible et éternelle de la Crète à la Grèce sous le sceptre de S. M. le roi des Hellènes, Georges Ier ;

« 3° L'exécution de ce décret est abandonnée à la foi et à la valeur du généreux peuple crétois... à la forte intervention des *Puissances protectrices et garantes* et à la volonté de Dieu (3). »

Ainsi donc les Crétois considéraient les Puissances si-

(1) *Arch. diplom.*, 1867, 1er vol., p. 357.
(2) *Archiv. diplom.*, 1867, p. 358.
(3) *Arch. diplom.*, 1867, 1er vol., p. 355.

gnataires du traité de 1856, comme garantes des concessions octroyées par le Hatti-Hou-Mayoum. Le vieux Mustapha-Pacha, que la Porte avait envoyé comme Commissaire Impérial, essaya d'arrêter l'insurrection naissante
et d'entrer en conciliation avec les Crétois. Mais il était
trop tard, la lutte commença. Nous n'entrerons pas dans
les détails de cette lutte. Plusieurs fois encore, mais sans
plus de succès, Mustapha tenta de donner à l'insurrection
une solution pacifique. Sur ses conseils, et devant l'intervention des Puissances, la Porte tenta aussi une conciliation. Elle proposa (février 1867) de faire de la Crète
une principauté autonome et invita les Crétois à envoyer
des délégués à Constantinople. Les Crétois refusèrent formellement ; encouragés par la Russie, ils demandaient
l'union à la Grèce. Ce refus était une faute de leur part,
car l'autonomie certes eût été pour eux un grand progrès.
Les Principautés auraient dû leur servir d'exemple ; c'é-
tait en tous cas un acheminement vers l'union à la Grèce
qu'ils réclamaient. Découragé, Mustapha-Pacha demanda
son rappel et le Divan, sur les conseils de l'Angleterre
et malgré les avis de la France, envoya dans l'Ile Omer-
Pacha (avril 1867). La lutte reprit plus sanglante encore ;
mais les Crétois, soutenus par les Grecs, qui leur envoyaient
des volontaires, des armes et des munitions, infligèrent
de grosses pertes aux troupes turques.

Quelle fut, devant cette insurrection et devant les atrocités qui se commirent, l'attitude des Puissances ? La situation était grave en Europe en 1866. La France, à peine
sortie de la guerre avec l'Autriche pour la constitution
de l'unité italienne, s'était engagée dans l'expédition du
Mexique. L'Allemagne et l'Autriche étaient en guerre.

L'Italie se consacrait tout entière à son organisation. L'insurrection crétoise ne devait donc attirer l'attention de ces Puissances que d'une façon secondaire. Seule l'Angleterre avait sa pleine liberté d'action.

Nous avons vu que les consuls de France et d'Angleterre conseillaient la modération aux Crétois, tandis que ceux de Russie et d'Italie les poussaient franchement à la révolte. La politique de la France au commencement de l'insurrection fut très hésitante. Dans une réunion tenue le 29 mai 1866 chez le Gouverneur Général, les consuls de Russie et d'Italie proposent une intervention des Puissances. M. Derché s'y oppose vivement et peu après M. Drouyn de Lhuys le félicite d'avoir « repoussé des propositions qui pouvaient tendre à amener une ingérence du Corps consulaire non justifiée par les circonstances (1) ». C'était la condamnation de toute idée d'intervention. Or le 24 août, le même M. Drouyn de Lhuys écrivait à M. de Moustier à Constantinople : « La France a signé, en 1830, de concert avec la Russie et l'Angleterre, le protocole qui fit rentrer l'île de Candie sous la souveraineté du Sultan, en réservant le maintien de certaines immunités en faveur de ce pays; le Gouvernement ottoman ne saurait donc s'étonner si, d'accord avec vos collègues, représentants de ces Puissances, vous faisiez usage de vos bons offices pour obtenir de lui le redressement des griefs dont la réalité serait constatée (2). » De cette lettre il semble résulter que le Gouvernement Français avait changé d'idées et, s'appuyant sur le Protocole de 1830, était devenu partisan d'une in-

(1) *Archiv. diplom.*, 1867, 1er vol., p. 348.
(2) *Archiv. diplom.*, 1867, 1er vol., p. 350.

tervention ou tout au moins d'une pression auprès de la
Porte. Il n'en était rien cependant. Quelque temps après
M. Drouyn de Lhuys est remplacé au Ministère des affaires étrangères par M. de Moustier. Celui-ci, en se rendant à Paris pour prendre possession de son Ministère, s'arrêta à Athènes et fit des représentations au roi
Georges à propos des encouragements que la Grèce ne
cessait de donner à l'insurrection, lui déclarant que : « le
soulèvement des Crétois n'avait pas, dans les circonstances actuelles, les chances d'appui diplomatique sur
lesquelles on semblait compter (1). » Il faisait allusion
à un mémorandum que le Gouvernement grec, « specta-
teur non pas impassible, mais réservé et silencieux, de
cette crise (2), » venait d'adresser aux « Puissances protectrices » au sujet des événements de Crète, et semblait
déclarer ainsi que la France était hostile à toute idée
d'intervention. En même temps d'ailleurs le marquis de
La Valette, ministre de l'intérieur, chargé par intérim du
Ministère des affaires étrangères, faisant allusion au bruit,
qui courait alors, de l'arrivée d'un navire français dans
les eaux crétoises, écrivait à M. Derché le 6 septembre :
« une semblable mesure ne manquerait pas d'être inter-
prétée comme un encouragement donné à l'insurrection
et il importe d'éviter ce qui pourrait entretenir des illu-
sions que vous vous êtes appliqués à combattre (3). »
Ainsi donc, malgré des hésitations, la politique française
était bien à cette époque ennemie de l'intervention.

(1) PERROT, Deux ans d'insurrection en Crète (*Revue des Deux-Mondes*,
15 avril 1868).
(2) *Arch. diplom.*, 1866, 4ᵉ vol., p. 340.
(3) *Archiv. diplom.*, 1867, 1ᵉʳ vol., p. 363.

Un revirement brusque se produisit peu après dans notre politique. Notre influence avait reçu une grave atteinte depuis Sadowa (juillet 1866). Pour contrebalancer l'influence grandissante de la Prusse, le Gouvernement français se rapprocha de la Russie. Or celle-ci s'était toujours montrée favorable aux Crétois, les encourageant à la révolte, et n'avait jamais cessé de réclamer une intervention européenne en leur faveur. Dès le 20 août/1er septembre, le prince Gortchakoff donnait des instructions aux représentants de la Russie à Paris et à Londres, pour pressentir les Gouvernements français et anglais au sujet d'une intervention en Crète : « L'Empereur a le désir d'éviter autant que possible les interventions collectives de l'Europe dans les affaires de l'Empire Ottoman... Mais dans cet état de choses, S. M. considère à la fois comme de l'intérêt et du devoir des Grandes Puissances de ne pas rester spectatrices inactives d'événements qui peuvent avoir des conséquences aussi graves... Quoique le sentiment de la solidarité générale *se soit affaibli* en Europe, notre Auguste Maître croit utile d'y faire appel (1). » Il réclame l'intervention des Puissances non seulement par intérêt mais aussi par devoir, et pour lui ce devoir doit découler de l'article 9 du traité de Paris, les Puissances ayant assumé vis-à-vis des chrétiens d'Orient l'obligation d'assurer l'exécution des réformes promises par la Porte. Le 12/24 septembre, il insiste de nouveau sur la nécessité d'une intervention, en faisant surtout ressortir le désintéressement de la Russie : « Nous n'y atta- « chons, dit-il, aucune convoitise (2). »

(1) *Arch. diplom.*, 1868, 1er vol., p. 284 (à rapprocher ces instructions de la circulaire du 10/22 octobre 1867, voy. infrà.)

(2) *Arch. diplom.*, 1868, 1er vol., p. 288.

La France et la Russie étaient prêtes à s'entendre ;
quant à l'Angleterre, elle montra beaucoup de froideur devant les propositions russes ; sans s'opposer à l'idée d'intervention (une fin de non-recevoir absolue l'eût écartée
de l'accord franco-russe), elle joua une politique à double
face : elle restait en rapport avec ces deux Puissances,
en leur faisant espérer son adhésion à une action collective, mais trouvant toujours un prétexte pour y échapper,
et d'un autre côté elle soutenait secrètement la Porte et
l'excitait à résister aux demandes de la Russie et de la
France en lui montrant le peu d'accord qui régnait en
Europe. L'Italie se joignit à la France et à la Russie dans
le courant de l'année 1867. Quant à la Prusse et l'Autriche, au lendemain de la guerre qu'elles avaient entreprise
l'une contre l'autre, elles ne songèrent pas à intervenir ;
le baron de Beust considérait la Crète comme « étant par
sa position géographique placée en dehors de la sphère
d'action de l'Autriche (1) ». Ces deux Puissances cependant prêtèrent leur concours à l'action combinée des
Puissances, mais d'une façon intermittente seulement,
par exemple pour donner plus de poids à une pression
à exercer sur le Sultan.

A la nouvelle d'une entente entre la France et la
Russie en vue d'une intervention, Aali-Pacha, ministre
des affaires étrangères de la Sublime Porte, sans doute
conseillé par l'Angleterre, proteste vivement contre une
intervention possible des Puissances. Il invoque le traité
de Paris de 1856 qui, dit-il, indique les cas où cette intervention est possible (Principautés, Serbie) ; en dehors de

---

(1) *Arch. diplom.*, 1868, 2ᵉ vol., p. 487.

ces cas, l'article 9 dudit traité interdit toute intervention : « Nous repoussons donc d'une façon péremptoire
comme constituant une grave atteinte aux droits souverains de Sa Majesté le Sultan jusqu'à l'idée de la proposition d'intervention en Candie (1). » En cela d'ailleurs
le ministre turc se trompait ; car, nous l'avons vu, l'article 9, tout en paraissant une clause de non-immixtion
dans les affaires intérieures de la Porte, encourageait au
contraire l'intervention des Puissances pour vérifier l'application du Hatti-Hou-Mayoum. Or, la révolution crétoise avait pour unique cause l'inexécution des réformes
accordées par le Hatti-Hou-Mayoum. D'ailleurs ce même
Aali-Pacha, qui protestait si vivement contre une intervention auprès de la Porte, demandait peu après (26 décembre) aux Puissances d'intervenir en Grèce pour faire
cesser son attitude hostile vis-à-vis de la Turquie dans les
affaires de Crète.

L'entente s'étant établie entre la France et la Russie
pour une action collective auprès de la Porte, il restait
une autre difficulté à régler : quelle solution réclamerait-
on pour la question crétoise? Dans une dépêche du 16/28
novembre au baron de Budberg, ambassadeur de Russie
à Paris, le prince Gortchakoff montre la situation difficile de la Porte : si elle réprime l'insurrection, elle sera
traitée de barbare ; si elle fait des concessions, les Crétois
s'en serviront comme d'arme contre elle ; il ne voit qu'une
solution vraiment efficace, l'annexion à la Grèce : « Si les
Puissances veulent sortir de la voie des expédients et
des palliatifs qui n'ont jusqu'ici fait que grever l'avenir

____

(1) *Arch. diplom.*, 3e vol., 1868, p. 910.

des difficultés du présent, nous ne voyons qu'une issue possible : c'est l'annexion de la Crète à la Grèce. Si cette combinaison paraissait trop radicale pour avoir des chances pratiques de succès, au moins pourrait-on faire de l'île de Crète un État autonome lié à la Porte par un simple lien de vassalité analogue à celui qui existe dans les Principautés Unies. Ce serait une transaction vers l'annexion à la Grèce, solution qui tôt ou tard nous paraît inévitable (1). » L'Angleterre fit observer que cette dernière solution serait bien difficile à appliquer à cause du double élément qui régnait dans l'Ile (Grecs et musulmans). La France, au contraire, tombe tout à fait dans les vues de la Russie. M. de Moustier, dans un entretien avec M. Fane, chargé d'affaires de Londres à Paris, prétend que la Crète est un pays perdu pour la Turquie et que son annexion à la Grèce est « le seul plan à adopter » ; en même temps il donne comme instructions à M. Bourée, notre ambassadeur à Constantinople, d'insister vivement auprès de la Porte pour qu'elle consente à l'annexion de l'Ile à la Grèce.

Mais la Porte, soutenue par l'Angleterre, résistait. Le 17 janvier 1867, lord Stanley, tout en demandant publiquement la nomination d'un Gouverneur chrétien dans l'Ile, écrivait directement au Sultan que le mélange des races rendait la chose très difficile, et il ajoutait : « il se peut que quelque système, comme celui qui a été établi par le Gouvernement du Liban, puisse être avantageusement appliqué en Crète (2). » Il est curieux de rapprocher de cette lettre de lord Stanley la réponse

(1) *Arch. diplom*, 1868, 1er vol., p. 291.
(2) Laroche, *op. cit.*, p. 200, et *Arch. diplom.*, 1867, 4e vol., p. 1725.

que fit Fuad-Pacha à M. Bourée, dans un entretien qu'il eut avec lui quelque temps après, le 4 avril 1867 : « La Crète, disait-il, contient près de 120.000 musulmans à côté de 200.000 chrétiens, plus de la moitié du sol appartient aux premiers, *il est donc impossible d'ériger une administration chrétienne*... Quant à la cession de l'île de Crète à la Grèce. je déclare franchement que pour obtenir cette cession il faudrait un nouveau Navarin... (1). » Il est bien évident qu'en faisant cette réponse Fuad-Pacha s'inspirait des idées de lord Stanley ; cette réponse est d'ailleurs trop franche pour qu'en la faisant la Porte n'ait pas senti quelqu'un derrière elle, prêt à la soutenir.

L'annexion à la Grèce rencontrait donc de la part de la Porte une opposition formelle. M. de Moustier propose alors de demander l'exécution fidèle du Hatti-Hou-Mayoum de 1856 qui, d'après lui, contient « toutes les bases essentielles pour le bien-être des populations ». Mais le prince Gortchakoff s'oppose vivement à cette proposition, pour lui ce ne serait pas là une solution : « Le Hatti-Hou-Mayoum est resté onze ans une lettre morte, dit-il. C'est *une traite* qui a perdu sa valeur pour n'avoir jamais été acquittée (2). » Il reste toujours partisan de l'annexion de l'Ile à la Grèce et déplore la politique d'opposition de l'Angleterre : « Chaque goutte de sang qui sera encore versée à Candie retombera sur l'Angleterre (3) ».

Devant les objections de la Russie, M. de Moustier

(1) *Arch. diplom.*, 1867, 4ᵉ vol., p. 1725.
(2) *Arch. diplom.*, 1868, 2ᵉ vol., p. 638.
(3) *Arch. diplom.*, 1868, 3ᵉ vol., p. 638.

propose que la Porte consulte les populations crétoises. Le 8 mars il écrit à M. Bourée : « La Porte ferait acte de haute sagesse si elle consultait les populations non pour la forme, mais d'une manière vraiment sérieuse, en les mettant à même de se prononcer sur la cause de leurs maux et sur les remèdes à y apporter (1). » Le plébiscite était alors très en honneur, surtout en France ; cette idée de consulter le peuple crétois avait été sans doute suggérée aussi à M. de Moustier par une note de l'Assemblée générale crétoise, remise aux consuls le 19 février 1867, demandant aux Puissances de « vouloir bien ordonner que le peuple crétois, par le suffrage universel, comme cela a été pratiqué en Venise, en Savoie et ailleurs, soit appelé à exprimer sa volonté libre et spontanée sous la surveillance de MM. les consuls... (2) » La Russie adhère cette fois à la proposition française, bien persuadée sans doute que les Crétois consultés demanderont leur annexion à la Grèce. L'Italie vient se joindre, en avril, à la France et à la Russie. Une démarche est faite par ces trois Puissances auxquelles vient se joindre la Prusse, pour demander à la Porte de consulter « sérieusement » les Crétois. L'Autriche ne semble pas s'être jointe à cette démarche, en tous cas le livre Rouge autrichien n'en fait pas mention (3).

A cette démarche, Fuad-Pacha refuse de consulter les populations. Il n'admet pas le plébiscite. Si on l'applique en Crète, il faudra l'appliquer dans tout l'Empire ; où cela conduirait-il ? Il déclare à M. Bourée que « quelle

(1) *Arch. diplom.*, 1867., 4e vol., p. 1566.
(2) *Arch. diplom.*, 1867., 4e vol., p. 1723.
(3) Rolin Jaequemyns, *op. cit.*

que soit la sollicitude des Puissances pour l'Empire ottoman, on voudra bien admettre que la S. P. connaît et apprécie mieux ses propres intérêts (1). » Et peu après il disait à l'internonce d'Autriche à Constantinople qu'on pouvait « condamner la Turquie, mais non lui demander de se suicider (2) ».

La Porte refusait donc également de consulter les populations. Pendant ce temps l'insurrection grandissait dans l'Ile. Mustapha-Pacha ayant demandé son rappel, la Porte, sur les conseils de l'Angleterre, décide d'envoyer en Crète Omer-Pacha. A cette nouvelle, la France, l'Italie et la Russie, interviennent ; mais cette démarche fut encore inutile et Omer-Pacha fut envoyé en Crète (avril 1867).

La France fait alors une nouvelle proposition. Elle demande l'envoi en Crète d'une Commision internationale, composée de délégués de la Porte et des Puissances. Cette Commission irait en Crète examiner sur place les revendications du peuple crétois (17 mai). La Russie, la Prusse et l'Italie donnent immédiatement leur approbation à la nouvelle proposition. Quant au Cabinet de Vienne, avant de se prononcer définitivement, il veut « connaître les intentions du Gouvernement anglais (3) ». Enfin l'Angleterre ne repousse pas l'enquête en principe ; lord Stanley déclare même au prince de la Tour d'Auvergne, notre ambassadeur à Londres, qu'il est « disposé à y donner son adhésion (4) ». Mais le Gouvernement anglais suscita des difficultés de détails, notamment sur la com-

---

(1) *Archiv. diplom.*, 1867, 4ᵉ vol., p. 1725.
(2) Livre Rouge autrichien, 1868, nᵒ 95.
(3) *Archiv. diplom.*, 1867, 4ᵉ vol., p 1569.
(4) *Archiv. diplom.*, 1867, 4ᵉ vol., p. 1571.

position et l'étendue des pouvoirs de la Commission. Il joua là encore un double jeu, adhérant en principe à la proposition française d'une part et, de l'autre, suscitant des difficultés et encourageant la Porte à la repousser. Une note fut néanmoins remise à la Porte (mai) par la France, l'Autriche, l'Italie, la Prusse et la Russie, demandant une enquête internationale conformément à la proposition française. Fuad - Pacha refusa encore, le 20 juin, déclarant qu'il ne voyait « aucune nécessité de se livrer sur les lieux à une nouvelle consultation des vœux de la population (1) ». En tous cas, d'après lui, une telle enquête, pour être entièrement utile, devrait être faite lorsque l'Ile serait entièrement pacifiée. Ce refus était encore motivé par l'Angleterre qui avait représenté à la Porte que l'entente entre la France et la Russie était sur le point de se rompre (2).

Ainsi donc à toutes les propositions des Puissances la Porte répondait par des fins de non-recevoir. Pendant ce temps, Omer-Pacha ensanglantait l'Ile. Devant les atrocités commises, la France et la Russie s'entendirent pour envoyer dans les eaux crétoises des navires de guerre pour embarquer les vieillards, les femmes et les enfants qui demanderaient à quitter l'Ile pour éviter les maux de la guerre. Et la Russie faisait remettre à la Porte une note lui annonçant que les commandants des bâtiments avaient reçu l'ordre de passer outre en cas d'opposition de la part d'Omer-Pacha. C'était l'intervention imposée par la force.

(1) *Archiv. diplom.*, 1867, 4ᵉ vol., p. 1572.
(2) Voir une dépêche du prince Gortchakoff au baron de Budberg *(Archiv. diplom.*, 1868, 2ᵉ vol., p. 667).

Dès le commencement de l'insurrection, cette question de l'asile offert par les bâtiments des Puissances avait été agitée. La France s'y était montrée dès le début très hostile. La Russie et l'Italie en étaient tout à fait partisans. Enfin l'Angleterre, suivant sa coutume, ne répondait pas franchement; lord Lyons déclarait que : « en termes généraux, les navires de guerre de sa nation ne refuseraient assurément pas de donner asile aux familles qui seraient menacées d'un danger réel; mais il ne voudrait pas formuler sa pensée dans une pièce écrite » (Dépêche du général Ignatieff, ambassadeur de Russie à Constantinople, au prince Gortchakoff, du 10/22 octobre 1866) (1). Quant à la Porte, dès le début elle protesta contre « une pareille ingérence d'un pavillon étranger (2) ». Aali-Pacha, dans le rapport qu'il remit au Sultan sur sa mission en Crète (1ᵉʳ mai 1868), donnait à l'insurrection trois causes : le mécontentement des populations, la « grande idée panhellénique » et enfin « la pression exercée sur les Cabinets amis de la Turquie, égarés au moyen d'un système de mensonges et de calomnies propagés par la voie des journaux ; elle a donné lieu à un mode d'intervention également nouveau, connu sous le nom de *sauvetage* des familles, dont le résultat évident est de donner aux insurgés la liberté de leurs mouvements en écartant d'eux tous soucis de famille... (1) ». Le ministre turc avait raison et, sous un prétexte humanitaire, cette mesure constituait un véritable appui donné aux Crétois. Sans doute il ne s'agissait pas là de neutralité, puisqu'il n'y

---

(1) *Archiv. diplom.*, 1868, 1ᵉʳ vol., p. 292.
(2) *Archiv. diplom.*, 1868, 3ᵉ vol., p. 926.
(3) *Archiv. diplom.*, 1868, 1ᵉʳ vol., p. 292.

avait pas de belligérants ; mais en cas de guerre une pareille mesure constituerait une violation des devoirs des neutres, exactement comme si une Puissance prêtait son concours pour faire sortir d'une place assiégée les bouches inutiles. Si en droit il n'y avait pas état de guerre, en fait cet état de guerre existait bien réellement entre le Sultan et ses sujets révoltés. Dans le conflit, les Puissances, par cette mesure, prenaient donc nettement le parti des Crétois.

Quoiqu'il en soit, elles répondirent à l'appel fait par les Crétois (2 février 1867) pour obtenir l'embarquement des vieillards, des femmes et des enfants « innocentes créatures que la loi de la guerre protège chez tous les peuples ». La Russie accéda de suite à cette demande ; la France ne donna pareil ordre à l'amiral Simon qu'en mai 1867 et en lui recommandant de prendre les mesures nécessaires « pour empêcher cette mesure de dévier de son but » (1). L'Autriche suivit cet exemple en août (2). Quant à l'Angleterre, son attitude vis-à-vis de la Turquie l'empêchait de prendre une pareille mesure et de fait elle se refusa toujours à donner asile sur ses navires aux familles crétoises. Le capitaine anglais Peem, qui, dans un mouvement d'humanité, avait embarqué sur sa canonnière « *l'Assurance* » des femmes et des enfants, fut désavoué par son Gouvernement.

Outre les Puissances Européennes, les États-Unis donnèrent asile aux familles crétoises sur leurs navires et les transportèrent en Grèce. Du reste, cette nation marqua une grande sympathie pour les Crétois pendant cette insurrection. Le Congrès prit une résolution tendant à peser

(1) *Archiv. diplom.*, 1867, 4ᵉ vol., p. 1572.
(2) *Archiv. diplom.*, 1868, 2ᵉ vol., p. 461.

sur la Porte pour obtenir l'affranchissement de la Crète. A la Canée, le consul d'Amérique se montrait ouvertement du parti des insurgés et faisait porter aux autres consuls par ses cawas les lettres de l'Epitropie. Enfin le *Levant-Herald*, paraissant à Constantinople et journal officieux du consulat américain, attaquait violemment le Gouvernement ottoman (1). Il est à remarquer d'ailleurs que, lorsqu'il s'est agi d'eux-mêmes, les Américains ont toujours repoussé l'idée d'une intervention étrangère en Amérique..

Ainsi donc l'intervention européenne avait reçu un grave échec ; à toutes les demandes, la Porte n'avait répondu que par des fins de non-recevoir ou de « vagues assurances ». Cette intervention d'ailleurs avait été conduite mollement ; il eût fallu agir avec vigueur, comme on l'avait fait précédemment en Syrie, mais on n'osait pas, l'Angleterre prenant parti pour la Porte. L'accord d'ailleurs n'existait pas et, devant ce manque d'entente et l'inutilité des démarches, chacun songeait à se retirer. L'Autriche la première donna l'exemple sous prétexte de se consacrer entièrement à sa réorganisation ; la Prusse l'imita bientôt.

La Porte néanmoins désirait la fin des hostilités ; Omer Pacha avait perdu les deux tiers de ses troupes et l'insurrection semblait devoir continuer indéfiniment si des concessions n'étaient pas accordées. Une proclamation du 5/17 septembre annonça la suspension des hostilités pendant un mois et demi pour empêcher l'effusion du sang et rétablir le calme dans l'Ile. En même temps, pleine et entière amnistie était accordée à tous les Crétois. Ceux-ci

____

(1) Perrot, Deux ans d'insurrection en Crète. *Revue des Deux-Mondes* (15 avril 1868).

ne furent pas dupes du but visé par la Porte : obtenir le rétablissement de l'ordre et reprendre le régime antérieur sans accorder aucune concession. Le Gouvernement provisoire remit aux consuls une protestation contre cette proclamation d'amnistie, réclamant l'envoi en Crète d'une commission mixte (27 sept./9 octobre).

Les Puissances d'ailleurs ne se laissèrent point tromper non plus aux avances de la Turquie. Le prince Gortchakoff, constatant l'inutilité des conseils donnés à la Porte, insiste à nouveau sur la nécessité d'une entente et propose l'envoie d'une note où l'on constaterait l'inutilité des efforts des Puissances, déclarant à la Porte qu'elle resterait désormais responsable des embarras qu'elle s'attirerait (21 sept./3 octobre). Peu après, dans une circulaire aux représentants de Russie à l'étranger, du 10/22 octobre, il envoyait un projet de note. Cette circulaire est très intéressante car, en expliquant l'attitude de la Russie, le prince Gortchakoff émet des idées personnelles sur le principe de non-intervention. « En vous transmettant ci-après le sens de la déclaration, dit-il, je crois nécessaire de préciser le sens que nous y attachons... Notre Auguste Maître tient à dégager sa responsabilité d'une situation dont Sa Majesté prévoit tous les périls et qu'elle a tout fait pour conjurer... C'est dans cette intention que S. M. a posé le principe de non-intervention qu'elle est prête à observer tant qu'il sera observé par les autres Puissances. Toutefois ce principe ne saurait impliquer l'indifférence... C'est pourquoi, en écartant toute action isolée qui aggraverait les complications actuelles de l'Orient, le cabinet impérial sera toujours prêt à concourir à un concert européen ayant pour but de les résoudre (1). » Ainsi la Russie, tout en posant en principe la non-intervention, admet cependant des exceptions à ce principe en cas de difficultés en Orient, car il ne doit pas entraîner «l'indifférence». C'est là une raison qui peut causer bien des exceptions à bien des principes.

La France et l'Italie adhèrent aussitôt à la proposition russe et adoptent le projet de Note, présenté par le prince Gortchakoff. L'Autriche trouve que les termes de la déclaration projetée sont « de nature à provoquer des conséquences fâcheuses... » ; en conséquence, elle refuse de se joindre à la France, malgré « son désir sincère de saisir chaque occasion qui se présente pour manifester l'accord régnant entre les vues de la France et de l'Autriche » (16 octobre) (2). La Prusse s'abstient également.

En conséquence, la France, l'Italie et la Russie remettent à la Porte le 29 octobre la Note élaborée par la Russie, dont voici les principaux traits :

« Dès le début des regrettables événements survenus dans l'Ile de Crète, les Grandes Puissances se sont émues d'un état de choses qui non seulement blesse leurs sentiments d'humanité, mais dont le contre-coup parmi les populations chrétiennes de la Turquie pouvait mettre en danger le repos de l'Orient et les intérêts de la paix générale...

«... Malgré leurs pressantes instances, aucune réforme organique n'a été appliquée jusqu'ici pour satisfaire aux maux des populations chrétiennes de l'Empire ottoman...

(1) *Arch. diplom.*, 1868. 2ᵉ vol., p. 673.
(2) *Arch. diplom.*, 1869, 1ᵉʳ vol., p. 505.

« ... Dans ces conjonctures, les Puissances qui ont offert leurs conseils à la Porte ont la conscience d'avoir accompli ce que leur dictaient leurs sentiments d'humanité et leur sympathie... Dans la voie qu'il a choisie, le Gouvernement ottoman ne pouvait certainement pas compter sur une assistance matérielle de la part des Puissances chrétiennes ; mais les Cabinets, après avoir vainement tenté de l'éclairer, croient de leur devoir de lui déclarer que désormais il réclamerait en vain leur appui moral au milieu des embarras qu'aurait préparés à la Turquie son peu de déférence pour leurs conseils (1). » Cette Note était bien catégorique ; tout en constatant l'impuissance de l'intervention européenne, elle mettait la Porte en demeure, sans l'obliger positivement, d'accorder aux Crétois leurs demandes. Malheureusement l'entente ne régna pas longtemps. Quinze jours après la remise de cette Note, la France en regrettait les termes un peu vifs et essayait d'en atténuer les conséquences auprès de la Porte : « L'impression très vive que les Ministres du Sultan ont reçue de la déclaration commence à se calmer... (2), » écrivait, le 6 novembre, M. Bourée. Ainsi nous abandonnions la partie et laissions les Crétois livrés à eux-mêmes.

Pourquoi ce brusque changement ? La situation s'aggravait en Europe, les relations entre la France et la Prusse se tendaient de plus en plus depuis l'affaire du Luxembourg. De plus, l'Angleterre avait habilement manœuvré ; elle obtint ce qu'elle cherchait depuis longtemps : nous mettre en défiance contre la Russie. Elle avait em-

(1) *Arch. diplom.*, 1867, 4ᵉ vol., p. 1.580.
(2) *Arch. diplom.*, 1867, 4ᵉ vol., p. 1.596.

ployé pour cela un vieux moyen, mais qui réussit toujours : elle nous avait habilement insinué et avait fini par nous convaincre que les intentions de la Russie n'étaient pas aussi désintéressées qu'elle voulait bien le dire et qu'elle se servait de nous pour augmenter son influence et sa puissance en Orient (1).

L'intervention des Puissances aboutissait donc à un échec complet ; l'entente, en somme, n'avait jamais pu régner entre elles d'une façon durable. Elles montrèrent toujours une attitude molle, sans aucune énergie devant les refus réitérés de la Porte. Seule l'Angleterre eut une politique ferme et suivie, elle donna toujours son appui à la Turquie, et l'on peut dire qu'en 1868 comme en 1830, c'est grâce à elle si la Crète ne fut pas érigée en principauté autonome ou annexée à la Grèce. Cette attitude d'ailleurs ne dura pas et nous verrons bientôt s'opérer un revirement complet dans sa politique vis-à-vis des Crétois.

L'insurrection de 1866-68 ne fut cependant pas inutile aux Crétois, car ils obtinrent des concessions. Nous l'avons vu, la Porte avait déjà proclamé la suspension des hostilités et l'amnistie pour tous les insurgés. Malgré la rupture de l'entente des Puissances, elle résolut d'entrer dans la voie des concessions. C'était le plus sûr moyen de rétablir le calme dans l'Ile; quant à l'application effective de ces concessions, elle était bien décidée à la négliger. Aali-Pacha est renvoyé en Crète comme commissaire extraordinaire (octobre 1867). Il se livra à une enquête, mais avec une grande partialité ; il ne vou-

---

(1) Résumé de la question Crétoise (Politique de la France en 1866-68).

lait pas comprendre les revendications très justes des Crétois et, dans le rapport qu'il adressa au Sultan sur la situation en Crète, il blâmait vivement les chrétiens et louait l'attitude de la Turquie (1). C'était bien là un indice du peu de sincérité de la Porte.

Enfin Aali-Pacha publia la Constitution du 8/20 janvier 1868, qui prit le nom de « Règlement organique ». Nous n'entrerons pas dans les détails de cette Constitution ; il est nécessaire cependant de la connaître dans ses traits principaux, car c'est sur la violation de ses dispositions que porteront par la suite les réclamations des Crétois, lors des diverses insurrections qui eurent lieu (2).

Dans un préambule où il proteste de sa sollicitude pour les Crétois, le Sultan les exempte de la dîme pour deux ans à partir du 1er mars 1868 et pour deux autres années de la moitié de la dîme seulement. — Désormais le gouvernement civil de l'Ile appartiendra au Vali et le gouvernement militaire au Commandant en chef (art. 1), fonctionnaires indépendants l'un de l'autre et nommés par le Sultan (art. 2). Le Vali, assisté de deux conseillers, l'un chrétien, l'autre musulman, administrera l'Ile conformément aux lois générales de l'Empire et aux lois particulières de la Crète (art. 3).

L'Ile sera divisée en sandjaks (arrondissements) administrés par les Moutessarifs, et en cazas (cantons) administrés par les Caïmacans (art. 4). Moutessarifs et Caïmacans seront moitié chrétiens, moitié musulmans, assistés d'un adjoint de religion contraire à la leur (art. 5). L'administration des finances appartient à un Defterdar

(1) Livre bleu Turkey, 1867, p. 90.
(2) Livre Jaune (1894-97), p. 1. (V. le texte intégral de la Constitution).

(directeur) pour toute l'Ile, à des Mouassébedgi (sous-
directeurs) pour les sandjacks, et à des Mal-Mudiris pour
les cazas (art. 6). Toute la nouvelle organisation est basée
sur le principe de la religion de la majorité de la population. Dans les divisions administratives de population
mixte, les conseils d'administration et les tribunaux
devaient être mixtes ; ils devaient être soit chrétiens, soit
musulmans, dans les divisions administratives de population exclusivement chrétienne ou musulmane. Toute
contestation entre plaideurs de même religion se jugerait
devant les tribunaux de leur religion ; toute contestation
entre musulmans et chrétiens serait portée devant les
tribunaux mixtes (art. 9, 10, 11).

Une assemblée générale se tiendra au centre du Gouvernement, composée à raison de quatre délégués par
caza, délégués chrétiens ou musulmans suivant la religion
des districts, et moitié chrétiens et moitié musulmans
pour les districts de religion mixte. — Elle se réunira
une fois par an pour étudier les questions d'utilité publique
et surveiller l'emploi des fonds pris sur les revenus de
l'Ile et destinés à des travaux utiles. Elle n'émettra que
des vœux, qui seront approuvés et sanctionnés par le Sultan (art. 12). Elle décidera du mode de perception de
l'impôt (art. 14). Les Crétois sont exemptés de l'impôt
direct. Il ne sera perçu dans l'Ile que la dîme, le droit
d'exemption du service militaire, les droits sur les bois-
sons, les droits de douane, et les droits sur le sel et le
tabac, créés en compensation du dégrèvement des droits
de douane. Les Crétois ne pourront être frappés d'aucune
nouvelle contribution (art. 15).

Des règlements spéciaux fixaient en détail l'organisation de la justice et de l'assemblée générale. Les délégués seront élus pour deux ans avec renouvellement par moitié chaque année ; la seule condition d'éligibilité est d'être domicilié dans le caza. La session sera de 40 jours. Les séances ne sont pas publiques, elles sont ou générales, ou particulières. Pour discuter valablement, l'Assemblée doit comprendre au moins la moitié plus un des délégués ; les délibérations ont lieu en grec et le scrutin est secret.

Un firman du 28 février/11 mars vint régler les détails des questions financières.

Telles étaient, tracées à grands traits, les principales concessions accordées aux Crétois. L'insurrection n'avait donc pas été sans fruits ; mais elle devait avoir un contre-coup en Grèce. Nous avons vu que le peuple grec avait aidé le mouvement crétois par l'enrôlement des volontaires, l'envoi d'armes et de munitions et le refuge donné aux familles crétoises. La Turquie n'avait cessé de protester contre cette attitude de la Grèce. Dans le courant de l'année 1868, les relations se tendirent à un tel point qu'un conflit gréco-turc était imminent ; en décembre 1868 même, les relations diplomatiques entre les deux pays furent rompues. Nous n'entrerons pas dans les détails de cette crise, ce serait nous éloigner de notre sujet.

L'Europe s'émut devant ce conflit imminent ; la Russie était nettement favorable à la Grèce ; la France et l'Angleterre, désirant la tranquillité, condamnèrent son attitude. La question reçut néanmoins une solution pacifique : malgré l'opposition de l'Angleterre, sur la proposition de M. de Bismark, la réunion d'une conférence fut décidée. Elle s'ouvrit à Paris, le 9 janvier 1869. L'Autriche, la France, l'Angleterre, la Prusse, la Russie et la Turquie y étaient représentées. La Grèce, quoique partie intéressée, en fut exclue devant l'opposition de la France et de l'Angleterre. C'était une injustice flagrante, puisque l'on y admettait la Porte. Dès les premières séances, il fut décidé que la question crétoise serait formellement écartée de la discussion ; elle avait reçu une solution, il n'en fallait plus parler.

La Conférence formula une double déclaration (20 janvier) : la Grèce devait s'abstenir de favoriser ou de tolérer : 1° des bandes d'agression. Il ne peut s'agir évidemment ici que de bandes organisées, de la formation de bureaux de recrutement; on ne peut empêcher des particuliers isolés d'aller s'enrôler à l'étranger, or c'étaient là les seuls faits qui s'étaient produits pendant l'insurrection, la Grèce n'avait donc rien à se reprocher sous ce rapport ; — 2° l'équipement dans ses ports de bâtiments armés. Que doit-on entendre par équipement ? Un bâtiment de commerce qui reçoit des armes et des munitions pour des insurgés ou des belligérants ne fait là qu'un acte de commerce, à moins que ce bâtiment ne soit équipé par l'État ou favorisé par lui. Un état neutre n'est pas obligé d'empêcher ses nationaux de faire le commerce avec des belligérants; il peut le faire, il est vrai, mais il n'y est pas obligé ; dans les deux cas, il reste neutre. Or il n'était nullement prouvé que, pendant l'insurrection crétoise, le gouvernement ait enfreint ces règles de neutralité.

Comme conséquences de l'insurrection, il faut encore noter les difficultés qui se produisirent pour le rapatriement des familles crétoises réfugiées en Grèce. Les Comités helléniques les excitaient secrètement à refuser de retourner en Crète avant l'annexion de l'Ile à la Grèce (1). Ces familles cependant se trouvaient là dans une situation déplorable, manquant de tout et la plupart sans abri ; ce n'est que sur les instances des ambassadeurs des Puissances en Grèce qu'elles consentirent à se laisser rapatrier.

(1) *Archives diplom.*, 1869, 4° vol., pp. 59 et suiv.

CHAPITRE V

Insurrection de 1878. — Congrès de Berlin. Convention de Halépa (3/15 octobre 1878).

Le Règlement de 1868, s'il avait été sérieusement appliqué, eût sensiblement amélioré la situation de la population crétoise et le calme fût peut-être revenu dans l'Ile. Mais la Porte n'avait cédé que contrainte et forcée, désespérant de mettre fin par la force à l'insurrection ; aussi était-elle bien décidée à ne pas appliquer les réformes concédées.

Dès le lendemain même de la proclamation du Règlement organique, les chrétiens avaient commencé à protester contre la façon dont la Porte en entendait l'application. Dès 1870, une protestation signée de 42 membres chrétiens de l'Assemblée est remise aux consuls ; cette protestation resta d'ailleurs sans réponse, toute l'attention de l'Europe était concentrée sur la guerre franco-allemande. En 1874, un firman vient augmenter la dîme de 2 1/2 0/0 dans tout l'Empire, y compris la Crète ; les Crétois protestent vivement, invoquant les privilèges accordés par le Règlement organique (art. 13). Le firman fut rapporté, mais une somme de deux millions et demi de piastres, perçue de ce fait et déjà dépensée, ne fut jamais rendue. Peu après la langue grecque fut abolie devant les tribunaux. Contrairement aux articles 1 et 2 du Règlement, la Porte envoyait des Gouverneurs à la fois civils et militaires; ceux-ci avaient établi les circonscriptions électorales de telle façon que les musulmans se trouvaient presque toujours en majorité pour l'élection des juges.

Cette manière d'appliquer les réformes avait provoqué de vifs mécontentements en Crète. La guerre qui éclata entre la Russie et la Turquie en 1877 vint réveiller les espérances des Crétois. Les chrétiens de l'Assemblée générale adressent au Sultan un mémoire contenant l'énumération de leurs principaux griefs. Celui-ci répond, le 21 juin, en proposant aux Crétois d'envoyer cinq délégués à Constantinople. Ceux-ci refusent, sachant bien d'avance l'inutilité d'une pareille démarche. Le 5 juillet, une nouvelle pétition est envoyée à la Porte pour obtenir l'abolition des abus commis en Crète, en même temps que les membres chrétiens de l'Assemblée générale, réunis en comité permanent à Apokorona, réclament l'envoi de deux Commissaires enquêteurs. En août la Porte se décide à envoyer trois commissaires : Adossidès-Pacha, Costaki-Effendi et Samih-Effendi. Adossidès-Pacha était un esprit très libéral, il fit tous ses efforts pour donner satisfaction aux chrétiens et rendit toujours justice à leur modération; mais il se butta à l'hostilité sourde des Musulmans et surtout des beys, qui suscitèrent des massacres dans les villes. Les chrétiens remettent une pétition aux consuls : « Nous avons le devoir de protester contre le Gouvernement ottoman et ses agents, seule cause de cette situation, et de réclamer pour la vie, l'honneur et les biens de nos frères chrétiens des villes et des environs, qui sont actuellement en danger, un secours philanthro-

pique (1). » Qu'entendaient-ils ainsi par secours phi-
lanthropique? C'était sans doute un refuge pour les femmes, les enfants et les vieillards sur les navires des Puissances, comme en 1866. Mais les Puissances ne répondirent pas à cet appel.

Au commencement de 1878, les Crétois prennent les
armes et adressent aux commissaires ottomans une pétition où ils réclament : « l'établissement d'un gouvernement autonome dont le chef devait être élu par le peuple,
et la simple obligation pour l'Ile de payer à la Porte un
tribut annuel de 500.000 piastres (2). » Cette pétition
fut transmise par Adossidès-Pacha au Sultan qui n'y répondit pas.

Devant cette mauvaise volonté de la Porte qui ne répondait même pas à leurs réclamations, les Crétois s'adressèrent aux Puissances et, par le décret du 3 février 1878,
ils les prièrent « de prendre en considération, dans le
Congrès de Berlin qui allait se réunir, les programmes
élaborés par la population dans les insurrections précédentes (3). »

Dans le Protocole de Londres du 19/31 mars 1897, les
Puissances avaient déclaré que, pour assurer efficace-
ment la protection des chrétiens en Orient, il était nécessaire de surveiller l'exécution des réformes promises par
la Porte. C'était établir l'intervention continue dans les
affaires intérieures de la Turquie. Celle-ci d'ailleurs protesta énergiquement contre une telle intervention et
refusa d'adhérer au Protocole. L'article 15 du traité de

(1) LAROCHE, *op. cit.*, p. 217.
(2) LAROCHE, *op. cit.*, p., 218.
(3) STREIT, la Question crétoise au point de vue du D. I. (*Rev. gén. de Droit int. public*, 1897, p. 80.

San Stéphano stipula que la Porte « tiendrait compte des *vœux déjà exprimés* par la population de l'Ile ». Cet article, bien qu'assez vague, précisait d'une manière assez nette les réformes à introduire : il fallait adopter comme base les réclamations des Crétois.

Le Congrès de Berlin s'étant réuni, les Crétois envoyèrent un second mémoire dans lequel ils demandaient l'annexion de l'Ile à la Grèce. Mais ils se heurtèrent à l'indifférence générale des Puissances et la question crétoise ne fut abordée qu'incidemment. L'Angleterre surtout tenait à écarter cette question. Les Grecs de Turquie avaient envoyé à Berlin, pendant le Congrès, une députation de trois membres qui furent reçus chez tous les plénipotentiaires des Puissances, sauf chez ceux de l'Angleterre. Le comte Corti, plénipotentiaire italien, ami de l'un des trois membres de la mission, leur donna ce conseil : « Surtout pas un mot de Candie, » leur expliquant que le moindre mot sur la question crétoise leur attirerait l'hostilité de l'Angleterre, qui serait ainsi très mal disposée pour leurs autres demandes. — M. Waddington avait défendu chaudement au Congrès les intérêts de la Grèce. Après la clôture du Congrès, la colonie hellénique de Paris lui envoya plusieurs de ses membres pour le remercier. La conversation étant tombée sur la Crète, M. Waddington leur tint textuellement ce langage : « Nous avons rencontré au sein du Congrès une volonté de fer qui nous a empêchés de nous occuper de la Crète, et cette volonté était celle de lord Beaconsfield (1) ». L'Angleterre s'opposait absolument à ce que la question

(1) Ces deux anecdotes sont relatées et garanties par M. C. Chryssaphidès dans un article « Chypre ou la Crète » du *Correspondant* du 10 avril 1895.

crétoise fût discutée dans les délibérations du Congrès, lord Salisbury essaya bien cependant de l'y faire admettre, mais l'opposition de lord Beaconsfield l'emporta et sa proposition fut rejetée.

L'article 62 du traité de Berlin assurait la liberté de religion dans toutes les provinces de l'Empire ottoman. Seul l'art. 23 fit allusion directement à la Crète, stipulant que la Sublime Porte s'engage à appliquer scrupuleusement dans l'Ile de Crète le règlement organique de 1868 en y apportant les modifications qui seraient jugées équitables (1). C'était la sanction internationale du Règlement organique ; c'était aussi la sanction de l'intervention des Puissances dans les affaires intérieures de l'Empire ottoman, car la Porte avait été partie au traité de Berlin et l'acceptation par elle de cet article était l'acceptation de l'intervention même. Cet article cependant était bien obscur et il eût fallu en compléter les dispositions. La Russie proposait d'ajouter, comme dans le traité de San Stéphano, « en tenant compte des vœux déjà exprimés par la population indigène » ; mais elle rencontra une vive opposition, surtout de la part de l'Angleterre, et la rédaction première fut maintenue.

Qui donc alors devra juger les modifications à apporter au Règlement ? Sera-ce la population crétoise, comme le désirait la Russie ? Non, bien évidemment, puisque l'on s'était opposé à la rédaction de l'art. 23 dans ce sens. Sera-ce la Porte ? Il est fort probable que les Puissances étaient complètement édifiées sur les idées libérales du Sultan. Seront-ce alors les Puissances ? C'est sans doute ce que l'on entendait. Mais quand et comment ? Il y a là

(1) Livre Jaune sur la Crète (1894-97), p. 4.

matière à une nouvelle conférence, pourquoi alors n'avoir pas résolu la question au Congrès de Berlin même (1)?

Devant cette indifférence des Puissances, les Crétois s'adressèrent à l'Angleterre ; mais, connaissant ses idées hostiles à l'annexion à la Grèce, ils demandèrent au Gouvernement anglais d'user de son influence auprès du Sultan pour obtenir les réformes demandées (20 juillet 1878) (2). Cette démarche peut sembler bizarre, étant donnée l'attitude de l'Angleterre à l'égard de la question crétoise dans le Congrès de Berlin. Mais cette attitude même était peut-être dictée par sa politique en Orient à l'égard des chrétiens, politique toute opposée à celle qu'elle avait suivie en 1868. Elle cherchait en effet à s'attirer leurs sympathies et surtout celles des Crétois, et, voulant en tirer profit, elle fut ainsi amenée à suivre cette politique à double face : hostile aux Crétois au Congrès de Berlin et favorable aux Crétois en Crète. Elle avait certainement, en agissant ainsi, un but intéressé ; elle pensait sans nul doute à l'annexion de l'île de Chypre, annexion qui se produisit effectivement (4 juin) ; or, possédant Chypre, la Crète eût été pour elle le complément de sa puissance navale dans la Méditerranée.

Dès le commencement de l'insurrection, le consul anglais, M. Sandwith, entretenait des relations avec les insurgés, les dissuadant de demander l'union à la Grèce et leur insinuant l'idée d'un protectorat britannique. Le 17 février 1878, il envoyait à son gouvernement cette dépêche caractéristique : « J'ai des raisons de croire que les

(1) M. d'Avril. Négociations relatives au traité de Berlin.
(2) Liv. bleu Turkey, n° 3 (1879), p. 15.

chrétiens se rallieraient à toute politique qui leur donnerait un espoir raisonnable d'être délivrés de la domination turque. Ils échangeraient cette domination pour un *Protectorat britannique* aussi volontiers que pour un gouvernement grec.... Le dernier vote établit qu'il n'y a pas d'enthousiasme pour la Grèce (1). » En même temps une campagne était menée par la presse anglaise dans ce sens ; on y représentait les Crétois réclamant le protectorat.

Les Crétois, cependant, n'étaient pas aussi partisans qu'on voulait bien le dire en Angleterre, d'un protectorat ; ils demandaient simplement, nous l'avons vu, des réformes. Aussi le Gouvernement anglais n'insista plus sur l'idée d'un protectorat, craignant de s'aliéner la population crétoise. Le 15 mai, M. Layard, ambassadeur de Londres à Constantinople, écrivait à lord Salisbury : « La pacification de l'Ile pourrait être effectuée si la Porte accordait une amnistie par l'intermédiaire du Gouvernement de Sa Majesté et des Grandes Puissances ou si la Grande-Bretagne acceptait de régler avec la Sublime Porte la future forme du Gouvernement de l'Ile (2). » Et le 26 mai M. Sandwith annonce aux Crétois « l'engagement solennel pris par la Porte vis-à-vis de l'ambassadeur britannique à Constantinople de satisfaire à son heure toutes les demandes justifiées par les besoins de l'Ile (3) ». C'était bien vague ; néanmoins les chefs crétois remercient le consul : « Cette initiative nous a vivement ému... Nous vous répondons que nous accep-

(1) Liv. bleu Turkey, *loc. cit.*, p. 24, et LAROCHE, *op. cit.*, p. 220.
(2) LAROCHE, *op. cit.*, p. 222.
(3) LAROCHE, *op. cit.*, p. 223.

tons cette médiation du Gouvernement anglais avec la bonne espérance que vous prendrez en considération les aspirations et les demandes légitimes du peuple crétois, mais sous la condition d'une conclusion préalable d'un armistice sur la base de l'*uti possidetis* (1). » Cette condition indiquait le peu de confiance qu'inspirait aux Crétois un engagement pris par la Porte même vis-à-vis de l'Angleterre. On voit en outre qu'il n'est plus du tout question du protectorat britannique.

Entre temps, nous l'avons vu, les Crétois s'étaient adressés aux Puissances réunies au Congrès de Berlin. À la suite du traité de Berlin, le gouvernement provisoire établi par les chrétiens fait appel au Gouvernement anglais (20 juillet). Les négociations reprennent plus vives entre l'Angleterre et la Porte. S. E. Ghasi-Achmed-Moukhtar-Pacha est envoyé en Crète pour entamer des pourparlers. Par une proclamation du 23 août il appelle les Crétois à élire des délégués à une Assemblée. Des négociations furent entamées entre les délégués chrétiens et des Commissaires ottomans envoyés en Crète, le Consul anglais servant d'intermédiaire et donnant souvent son avis dans le cours des débats. Ces négociations aboutirent à la Charte nouvelle qui fut signée le 3/15 octobre 1878 sous le nom de « Convention de Halépa ». Au dernier moment le consul anglais refusa de signer la Convention, déclarant n'en avoir pas reçu l'autorisation de son Gouvernement. L'Angleterre reculait et ne voulait pas, par sa signature apposée au bas de la nouvelle Charte, prendre la responsabilité de son exécution (2).

(1) LAROCHE, *op. cit.*, p. 223.
(2) STREIT, *loc., cit.*, p. 81.

Ainsi, ce que les Crétois n'avaient pu obtenir des Puissances au Congrès de Berlin, ils l'obtenaient de la Porte par l'intermédiaire de l'Angleterre. Il semble ainsi que ce soit l'Angleterre qui se soit chargée de compléter l'article 23 du traité de Berlin et de juger les « modifications équitables » à introduire en Crète. C'est peut-être aussi pour cette raison qu'elle a refusé de signer la Convention, voulant borner son rôle à celui de médiatrice ; elle a voulu simplement offrir ses bons offices aux Crétois et au Sultan pour qu'une entente puisse s'établir. Cette Charte en effet a un caractère tout spécial, c'est une « Convention » ; ce n'est pas une Charte octroyée par le Sultan à ses sujets, comme celles de 1856 et de 1868, c'est une Convention élaborée entre le Sultan et les Crétois après débats. Les diverses réformes à introduire ont été librement discutées entre les délégués crétois et les délégués de la Porte. Après discussion une sorte d'arrangement a été conclu d'un commun accord. Un acte de souveraineté du Sultan, le firman du 9/21 novembre 1878, vint, il est vrai, confirmer la Convention de Halépa et la mettre en vigueur.

Voici les traits principaux de la nouvelle Constitution (1) :

Indépendance de la Constitution crétoise vis-à-vis de la Constitution de l'Empire en ce qui concerne les privilèges accordés aux Crétois. Confirmation de l'acte de 1868 avec les modifications suivantes (art. 1) :

Le Gouverneur Général (Vali) est élu pour 5 ans (art. 2). Il n'aura plus qu'un seul conseiller, chrétien si le Vali est musulman, et vice-versa (art. 8). Le pouvoir judiciaire sera distinct du pouvoir exécutif (art. 7).

(1) Livre Jaune sur la Crète (1894-97), p. 5.

Le nombre des Caïmacans chrétiens et musulmans sera proportionnel au nombre des chrétiens et musulmans de la population (art. 5).

L'Assemblée générale se composera de 80 membres (49 chrétiens et 31 musulmans). La session ordinaire sera de 40 jours (avec proloulongation facultative de 20 jours). Les décisions seront prises à la majorité simple des voix, sauf celles concernant les modifications d'un intérêt local, qui seront prises à la majorité des 2 3 des voix (art. 4). L'Assemblée s'occupera de la réorganisation des tribunaux et du mode de perception de la dîme (avec approbation du Sultan) (art. 7 et 11). Le grec sera la langue officielle à l'Assemblée et devant les tribunaux (art. 9). L'Assemblée veillera aux recettes et dépenses du budget (art. 13).

La gendarmerie sera recrutée parmi les indigènes, et ailleurs, mais en cas d'insuffisance seulement. L'autorité locale nommera les officiers chrétiens et musulmans (sanction du Sultan) (art. 10). Le Sultan nommera le chef de la gendarmerie (art. 12).

On s'appliquera à introduire des économies convenables dans les dépenses. Les dépenses de l'armée régulière ne seront pas portées à la charge du budget de l'Ile, et les droits de douane ainsi que ceux du sel et du tabac ne figureront pas à ce budget (art. 13).

Après prélèvement des frais d'administration locale, l'excédent des recettes sur les dépenses sera partagé entre le trésor impérial et les travaux d'utilité publique votés par l'Assemblée (art. 13). Le papier monnaie n'aura pas cours dans l'Ile (art. 14). Liberté de la presse, limitée aux lois et règlements de l'Empire (art. 15 et 16).

Amnistie générale. Exemption de l'impôt arriéré des cultivateurs. Permission de garder des armes, etc...(art. 17 et suiv.).

CHAPITRE VI

La Crète de 1878 à 1889. — Firman du 12 juillet 1887.
Insurrection de 1889.
Firman du 25 novembre/7 décembre 1889.

Le firman de 1878 introduisait en Crète le régime parlementaire. L'essai n'en fut pas heureux ; les Crétois, de caractère essentiellement frondeur, se jetèrent avec passion dans les luttes politiques ; les délégués chrétiens, d'accord entre eux sur toutes les questions d'indépendance et de politique extérieure, se querellaient sur les questions de politique intérieure. Il semble, comme le dit M. Laroche (1), que la Porte ait trouvé là le moyen de réduire ce peuple, en empruntant à l'Europe ce système qui jeta aussitôt la jalousie et la division parmi les Crétois. Cette expérience aurait dû servir d'exemple aux Puissances en 1898 et les empêcher de constituer l'Ile en principauté autonome, car cette autonomie entraîne forcément l'adoption d'un régime parlementaire ; or, nous le verrons, ce régime est le plus sûr moyen d'introduire la pleine anarchie dans l'Ile.

A. Carathéodory-Pacha avait été nommé Gouverneur de la Crète, en même temps qu'il était chargé de porter la nouvelle Constitution. Contrairement à l'article 2 de cette

---

(1) LAROCHE, *op. cit.*, p. 229.

Constitution, il fut aussitôt remplacé (1878) par Photiades-Pacha, esprit large et libéral, trop libéral même, car il ne sut pas s'opposer à la formation des partis que créa le parlementarisme. Dès la réunion de la première assemblée, il se forma en effet deux partis aux opinions extrêmes : les conservateurs et les libéraux. Ce fut entre ces deux fractions une lutte continuelle pour conserver le pouvoir et accaparer les places. Les conservateurs restèrent au pouvoir jusqu'en 1887. Les libéraux, qui avaient obtenu le renvoi successif des divers gouverneurs : Photiades-Pacha (1885), Sawas-Pacha (1886), Anthopoulo-Pacha (1887), furent enfin victorieux en 1887, à l'arrivée du nouveau gouverneur Nicolaki-Sartinski-Pacha et firent une véritable hécatombe de conservateurs pour donner les places à leurs amis.

En outre la Constitution contenait bien des lacunes; beaucoup de réclamations des chrétiens, formulées à Halépa, n'avaient pas été consacrées par le firman du 3/21 novembre 1878. Celles de ces réclamations que les Crétois avaient le plus à cœur étaient l'égalité et la liberté religieuses. Le Hatti-Hou-Mayoum de 1856 et l'article 62 du traité de Berlin proclamaient bien cette égalité et cette liberté, mais la nouvelle Constitution n'en parlait pas et l'ancienne règle subsistait, d'après laquelle un musulman converti au christianisme était exilé et perdait ses droits d'héritage. C'était là une injustice flagrante, car cette règle ne s'appliquait pas au chrétien converti à l'islamisme. Dès 1880, les chrétiens de l'Assemblée générale protestèrent contre le maintien de cette règle et en 1881 ils proposèrent que l'on en votât l'abrogation. Les musulmans s'y opposèrent vivement et, pour rendre toute dis-

cussion et tout vote impossibles, ils s'abstinrent de siéger à l'Assemblée. Les chrétiens transmirent alors leurs
réclamations à la Porte par l'entremise du Gouverneur
général ; elles restèrent sans réponse (1).

Mais ce n'étaient pas là les seuls griefs des Crétois, la
Constitution avait aussi passé sous silence d'autres réclamations et notamment (1) :

1° Que les revenus des douanes fussent portés pour
moitié au budget de l'Ile ;

2° Que les dettes actuelles de la caisse du vilayet ne
fussent pas portées à la charge de la future administration de l'Ile ;

3° Que le Vali fût chrétien et que le choix en fût approuvé par les Puissances.

Enfin un autre grief des Crétois, mais provoqué celui-
là par les mesures prises par la Porte à l'encontre de
la Constitution, était que l'Assemblée générale ne fût pas
seulement un corps consultatif mais aussi et surtout un
corps législatif. En effet d'après la Constitution l'Assemblée devait être une assemblée législative, la Porte ne
devant opposer son veto à ses décisions que lorsqu'elles
touchaient « aux droits souverains de l'Empire ». En fait
la Porte opposait constamment son veto ou bien faisait
attendre de longs mois sa sanction aux décisions de l'Assemblée ; bien plus, elle modifiait elle-même ces décisions,
de sorte que celle-ci n'était plus en réalité qu'un corps
consultatif. Dès 1881 les députés chrétiens demandèrent
la modification d'un tel état de choses.

Toutes ces circonstances avaient entretenu dans l'Ile

______

(1) STREIT, *op. cit. loc. cit.*, p. 84.

une certaine agitation. Une conférence internationale devant se réunir à Constantinople pour la fixation des frontières gréco-turques en 1881, un mouvement se produisit aussitôt en Crète en faveur de l'union à la Grèce. Effrayés, les musulmans remettent une adresse aux consuls pour protester « contre le projet d'annexion en se basant sur l'article 23 du traité de Berlin et supplient les Puissances de maintenir les dispositions de ce traité relatives à la Crète » (24 mars 1881) (1). Deux jours après les chrétiens remettent aux consuls une adresse de protestation et les prient de transmettre à leurs Gouvernements « leurs vœux en faveur de l'annexion (2) ». La conférence se réunit le 10 mai et aboutit à la Convention de Constantinople du 24 mai, fixant les nouvelles frontières grecques; il n'y est pas question de la Crète.

En 1885, lors de l'arrivée du nouveau gouverneur Sawas-Pacha, qui avait une réputation de fanatisme musulman, des désordres graves se produisirent à la Canée et, par 49 voix sur 80, l'Assemblée générale lança un manifeste encourageant les citoyens à ne pas payer l'impôt et à ne pas obéir aux ordres du nouveau Gouverneur. Les consuls durent intervenir et faire afficher une proclamation où ils garantissaient les sentiments libéraux et pacifiques de Sawas-Pacha. Le calme se rétablit, mais pour peu de temps, et l'agitation recommença bientôt lors de la révolution rouméliote (septembre 1885). Un mémorandum signé de 28 députés chrétiens est envoyé le 8/21 novembre à la Conférence réunie à Constantinople : « ... Dans ce moment où les Grandes Puissances cherchent

(1) Livre jaune sur la Grèce (1830), p. 50, n° 56.
(2) Livre jaune sur la Grèce, p. 52, n° 59.

dans leur sagesse une solution de la question d'Orient,
le peuple de Crète nourrit l'espoir que la question de la
liberté de sa patrie sera également estimée digne d'être
prise en considération... Les Puissances ont reconnu à
plusieurs reprises les droits du peuple crétois à l'émancipation et à son union avec la Grèce indépendante... Elles
feraient une œuvre de justice et en même temps d'humanité en saisissant cette occasion pour résoudre la question crétoise... » Le mémorandum se termine par une
protestation contre la façon dont la Porte applique la
Constitution de 1878 (1). Cet appel n'émut point les
Puissances qui se désintéressèrent de la question crétoise. Cependant l'agitation grandissait en Crète, entre-
tenue par les agents de la Grèce qui organisent des réunions populaires. La Porte proteste auprès du Gouvernement grec contre cette attitude (2) ; Sawas-Pacha prend
vivement à partie M. Zygomalas, consul de Grèce à la
Canée, mais la Porte ne peut obtenir son rappel. La
Grèce néanmoins dut cesser d'encourager l'agitation, à
la suite de son attitude dans la question bulgare, les Puissances (moins la France) décidèrent le blocus des côtes
grecques (1886).

Pendant cette agitation, l'Angleterre eut encore une
attitude assez singulière ; pendant le blocus de la Grèce,
les navires anglais ne cessèrent de croiser dans les eaux
crétoises et le duc d'Edimbourg, commandant les forces
anglaises, voulait absolument, malgré la résistance du
Gouverneur Général, descendre à terre pour l'aider à

(1) *Arch. diplom.* (1886), vol. XVII, p. 119.
(2) *Archiv. diplom.* (1886), vol. XVII, pp., 110 et suiv.., et 228.

rétablir l'ordre (1). Dans une conversation qu'il eut avec M. Hanotaux notre chargé d'affaires à Constantinople, M. de Nélidow lui faisait remarquer « le soin qu'a pris l'Angleterre de diriger la manifestation navale du côté de la Crète afin d'éviter que la Grèce ne s'empare de cette Ile (2) ». En Crète même, le consul anglais à la Canée suscitait à Sawas-Pacha toutes sortes de difficultés dans sa tâche d'apaisement. Ce dernier, exaspéré contre sa conduite, ne put retenir son indignation et s'écria un jour : «Je donnerai la dernière goutte de mon sang pour que la Crète reste en la possession du Sultan. Mais si elle est destinée à changer de maître, je donnerai la dernière goutte de mon sang pour qu'elle passe à la Grèce et non à l'Angleterre (3). » Ces paroles, connues du consul anglais, rendirent encore plus difficiles les rapports entre le consulat et le Gouverneur.

Devant l'échec de la Grèce et le désintéressement de l'Europe, le calme se rétablit dans l'Ile. Les chrétiens insistèrent alors plus vivement auprès de la Porte pour obtenir satisfaction. Malgré l'opposition très vive des députés musulmans, la Porte céda et, par le firman du 12 juillet 1887, accorda les concessions suivantes (4) :

« 1° La moitié des revenus des douanes sera rendue à la Caisse de l'Ile ;

« 2° Le Sultan aura un délai de 3 mois pour sanctionner ou rejeter les projets de lois de l'Assemblée ;

« 3° Les projets qui, acceptables en principe, seraient

<hr>

(1) *Journ. des Débats* (27 juillet 1889).
(2) *Arch. diplom.* (1886), vol. XIX, p. 285.
(3) C. Chryssaphidès, Chypre ou la Crète (*Correspondant* du 10 avril 1895).
(4) Streit, *op. cit., loc. cit.*, p. 86.

considérés comme devant être modifiés à cause de leur incompatibilité avec les droits souverains de l'Empire, seront renvoyés pour être remaniés à nouveau par l'Assemblée, après quoi ils seront encore soumis à la sanction du Sultan. »

Peu après, le Sultan sanctionnait une loi votée par l'Assemblée, introduisant le suffrage universel dans l'Ile pour les élections des membres de l'Assemblée (c'était le couronnement du régime parlementaire).

Le firman de 1887 donnait, en somme, entière satisfaction aux Crétois, sauf cependant sur la question d'égalité religieuse dont il n'était pas parlé. Il semblait que le calme devait renaître dans l'Ile ; mais, nous l'avons vu plus haut, en 1887 les libéraux arrivèrent au pouvoir, les conservateurs n'acceptèrent pas facilement leur défaite et la lutte reprit plus intense entre les deux partis, avivée encore par l'introduction du suffrage universel dans les élections. Les conservateurs attaquent le nouveau Gouverneur Sartinski-Pacha ; les libéraux, après l'avoir soutenu, l'attaquent aussi, lui reprochant de les entraver. Sa situation devient extrêmement difficile.

En outre, la gendarmerie manque totalement dans l'Ile, d'abord parce qu'aux termes mêmes de la Constitution de 1878 on ne peut recruter la gendarmerie que parmi les sujets ottomans qui font de mauvais policiers, et ensuite parce que la situation financière de l'Ile est désastreuse et qu'on ne paie plus les soldes. Le déficit budgétaire s'élève à 6 millions de piastres. M. Billiotti, consul d'Angleterre à la Canée, retrace cette situation dans un rapport adressé à son Gouvernement le 8 juin 1889 : « Depuis plusieurs mois, les fonctionnaires et les gendarmes n'avaient pas touché leur solde ; la caisse publique était vide, le Gouvernement était dans l'impossibilité de faire rentrer les impôts arriérés et l'on ne pouvait trouver d'avances sur les impôts futurs. En résumé, l'Ile offrait le curieux phénomène d'un pouvoir en pleine anarchie s'efforçant de combattre l'anarchie (1). »

Des désordres graves et des assassinats se produisent. La Porte ne les réprime pas, mais s'arrange au contraire pour que ces désordres prennent un caractère de plus grande gravité. Alors, prenant prétexte de ces désordres et de la lutte parlementaire entre les deux partis, elle envoie 40.000 hommes en Crète, commandés par Chakir-Pacha, et la répression commence, atroce et sanglante (août 1889).

Devant la gravité des événements crétois, la Grèce avait envoyé, le 5 août, une Note aux Puissances, les priant d'intervenir et ajoutant qu'en cas de refus de leur part l'ordre était déjà donné à sa flotte de se tenir prête. Cette note produisit un vif émoi en Europe. La Porte envoie à son tour aux Puissances une Note où elle justifie sa conduite ; elle attribue les troubles « aux dissentiments qui ont éclaté à l'Assemblée générale entre la majorité et la minorité chrétiennes... S'il y a eu des troubles et des violences, la faute en revient aux chrétiens... (2) ». Le comte Kalnoki et M. de Giers proposent une entente et une action commune ; l'Allemagne est d'avis de ne pas intervenir et de laisser la Porte rétablir l'ordre ; M. Spuller se range à l'avis de l'Allemagne, il fait remarquer qu'il ne s'agit que d'une question purement inté-

____

(1) Laroche, *op. cit.*, p. 233.
(2) *Arch. diplom.* (1889), vol. III, p. 343.

Couturier.   7

rieure en Crète; lord Salisbury reproche vivement à la Grèce son attitude et il lui enjoint de ne point agir en Crète; il s'oppose à toute idée d'action commune. Il venait de recevoir de M. Billiotti une dépêche bien significative : « Les musulmans conservent bien peu d'espoir de voir le Gouvernement réaliser leur désir. Aussi ont-ils tourné leurs regards vers une occupation étrangère qui signifie pour eux *occupation britannique* (1). » En même temps, le correspondant du *Times* prétendait qu'à Milato la police avait été attaquée aux cris de « Vive l'Angleterre ». (2) Tout en s'opposant à une intervention, lord Salisbury déclarait, dans un discours au Parlement, le 4 juillet, que « la Crète doit, en fin de compte, échapper à la Turquie ». Devant cette attitude, la Porte s'inquiéta et demanda des explications. Le 31 juillet, dans un nouveau discours au Parlement, lord Salisbury atténua beaucoup son premier discours et le même jour, dans un banquet à Mansion House, il déclarait au nom du Gouvernement que l'Angleterre n'avait aucun désir d'annexer la Crète (2).

Pendant que se produisait cette agitation en Europe, la Porte préparait en secret un firman à appliquer en Crète. Les chrétiens avaient envoyé au Sultan, le 31 juillet/12 août 1889 une pétition qu'ils avaient aussi remise aux consuls. Voici les principales demandes des Crétois :

Le gouverneur sera chrétien orthodoxe, d'origine grecque et sujet ottoman. Les fonctionnaires seront chré-

---

(1) Livre bleu (1889) et LAROCHE, *op. cit.*, p. 242.

(2) *Arch., diplom.* (1889), vol. III, pp. 320 et suivantes (Extraits du Livre bleu). Voir aussi sur la politique de l'Angleterre le *Journal des Débats* des 27 juillet 1889 et jours suivants.

tiens et musulmans proportionnellement à la population. Les revenus de l'Ile appartiendront en entier au trésor local. Le budget sera voté pour deux ans par l'Assemblée. L'affermage des impôts sera supprimé, son mode de perception sera voté par l'Assemblée. La gendarmerie sera réorganisée. Les membres de l'Assemblée seront choisis parmi les chrétiens et les musulmans dans une proportion fixée par l'Assemblée elle-même. L'Assemblée sera convoquée chaque année, le 20 août, les élections auront lieu deux mois avant (1).

La Porte répondit à cette pétition en envoyant en Crète l'amiral Ratib-Pacha, porteur du firman du 25 novembre/ 7 décembre 1889, qu'elle avait élaboré dans le plus grand secret. Ce firman, bien que contenant certaines dispositions utiles, était un retour en arrière pour les Crétois ; il supprimait la plupart des concessions accordées en 1878 ; c'était, en outre, une violation de l'article 23 du traité de Berlin. En voici les principales dispositions (2) :

Dans un préambule où il proteste de sa sollicitude pour les Crétois, le Sultan, prenant prétexte de la lutte des partis politiques et de l'administration des finances, insiste sur la nécessité de réformes :

L'administration de l'Ile est divisée de nouveau en administrations civile et militaire, indépendantes (art. 1). Le Gouverneur Général est nommé sans limite de durée de ses fonctions (art. 2).

L'Assemblée sera composée de 55 membres : 33 chrétiens et 22 musulmans. Les élections ne se feront plus au suffrage universel, mais les députés seront élus par des délégués électeurs (art. 3). Pour être électeur, il faut être propriétaire, sujet ottoman et avoir

(1) Voir cette pétition en entier : *Arch. diplom.*, 1889, vol. III, p. 346
(2) Livre jaune sur la Crète (1894-97), p. 9, et *Arch. diplom.*, 1890 vol. I, p. 174.

25 ans révolus ; les membres de l'Assemblée doivent avoir au moins 35 ans révolus (art. 5).

L'élection des juges se fera comme autrefois, mais cette élection devra être approuvée par le Ministère de la Justice à Constantinople. Les présidents des tribunaux et les procureurs généraux seront inamovibles et nommés par le Sultan (art. 6).

Le recrutement de la gendarmerie se fera dans toutes les provinces de l'Empire (7).

La moitié de l'excédent des revenus sur les dépenses (qui allait autrefois au Trésor impérial) restera désormais affectée au trésor de l'Ile, mais toutes les recettes douanières iront au Trésor impérial. Pour augmenter les revenus on créera un nouvel impôt de quotité convenable (art. 8). Les communes pourront établir des taxes municipales (art. 9).

Amnistie générale sauf pour les chefs d'insurrection et les personnes condamnées par les Cours martiales (art. 10).

Ce firman contenait certaines clauses utiles (gendarmerie et finances), mais en général il retirait aux Crétois un grand nombre des concessions obtenues à la Convention de Halépa et en 1868.

Dès la nouvelle de la promulgation de ce firman, la Grèce envoya une note aux Puissances, insistant surtout sur ce fait que « ce firman est la violation des droits des Crétois reconnus par la Porte depuis plus de vingt ans et confirmés par le traité de Berlin. La conduite injuste de la Turquie envers la Crète impose à tout Gouvernement hellénique des devoirs et des obligations qu'il ne saurait, le moment venu, négliger... ». Mais, malgré la violation évidente de l'article 23 du traité de Berlin, les Puissances restèrent indifférentes ; pour la forme, elles présentèrent des observations à la Porte. Seules l'Angleterre et la Russie firent une démarche auprès du Sultan (1), mais sans beaucoup de conviction et sans succès

(1) Liv. bleu, 1889, p. 118.

d'ailleurs. Les Crétois espérèrent un instant qu'à l'occasion du mariage du duc de Sparte, héritier présomptif de la couronne de Grèce, avec la princesse Sophie, sœur de l'Empereur d'Allemagne, la future reine apporterait l'Ile de Crète en dot. Mais il n'en fut rien et, sur les conseils mêmes de la Grèce, ils se soumirent. La Porte put donc en toute liberté appliquer le nouveau firman et envoyer à son gré des gouverneurs militaires pour « établir l'état de siège et instituer des cours martiales ».

Nous avons terminé la deuxième partie de notre étude ; nous avons vu les Puissances réclamer vainement du Sultan l'application de réformes en Crète. Dans la troisième partie, nous les verrons profiter de la première insurrection crétoise pour prendre en main l'application même de ces réformes et doter elles-mêmes la Crète d'un régime autonome.

TROISIÈME PARTIE

ÉTABLISSEMENT DE L'AUTONOMIE CRÉTOISE

CHAPITRE PREMIER

Insurrection de 1895-1896.
Règlement du 25 août 1896

L'application du firman de 1889 fut aussi rigoureuse que possible et les Crétois purent se croire transportés de vingt ans en arrière. En vertu des dispositions de ce firman, les élections des députés à l'Assemblée eurent lieu le 6 mai 1890, mais les députés chrétiens refusèrent de siéger. C'était là une grande faute de leur part, que d'abandonner ainsi leurs droits ; la Porte, en effet, loin de s'en effrayer, se contenta de ne plus convoquer l'Assemblée et put ainsi appliquer à loisir le firman. Les Gouverneurs, au lieu d'être chrétiens, étaient musulmans et militaires, révocables *ad nutum* par le Sultan. Il y en eut quatre de 1890 à 1894, mais l'administration de Mahmoud-Djellalledin-Pacha fut particulièrement dure, et l'agitation qui ne cessait de régner dans l'Ile s'accrut (1894).

Devant ces menaces d'insurrection, Mahmoud-Djellal-ledin crut prudent de demander son rappel (juin 1894). Il fut remplacé par Tourkhan-Pacha, puis peu après par

A. Carathéodory-Pacha qui était chrétien et dont l'esprit libéral était connu des Crétois. En même temps l'Assemblée générale était convoquée par le firman du 29 décembre 1894 et l'on put croire un instant que la Porte revenait à des idées libérales. Mais l'entente ne put s'établir à l'Assemblée entre chrétiens et musulmans et la session fut levée avant le terme fixé par la loi. Les musulmans, mécontents de l'esprit libéral du nouveau gouverneur, lui suscitèrent des difficultés sans nombre pour rendre son administration impossible; ils ordonnèrent même des massacres. « Toutes ces difficultés, écrivait M. Cambon à M. Hanotaux, le 19 septembre 1895, sont la conséquence d'un plan arrêté qui a pour but d'exaspérer les chrétiens, de les pousser au désordre et d'atteindre ainsi la personne de Carathéodory-Pacha en prouvant l'inutilité d'un Gouverneur chrétien (1). » Devant ces violences, la Russie avait envoyé un croiseur dans la baie de la Sude pour protéger ses nationaux en cas de besoin (septembre 1895).

Sur ces entrefaites, des troubles ont lieu en Arménie, dont le contre-coup se fait sentir en Crète; l'effervescence augmente. Les massacres, organisés par le comité musulman de la Canée, redoublent et sont le signal de l'insurrection.

Comme toutes les insurrections crétoises, le mouvement commence par des demandes de réformes faites sur un ton très modéré; mais comme toujours aussi la Porte n'y répond pas ou tarde beaucoup à y répondre. L'Épitropie (comité) des réformes organise des assemblées populaires. Une adresse est votée le 10/22 septembre pour

---

(1) Livre jaune sur la Crète (1894-97), p. 20, no 16.

être remise au Gouverneur et aux Consuls. Ce mémoire, très modéré et nullement séditieux, contenait un projet de Constitution à peu près analogue à celle de 1878 « afin que le pays puisse prospérer sous la domination turque jusqu'à ce qu'il plaise à la Providence d'exaucer les vœux séculaires des Crétois (1) ». A ce mémoire, le Gouverneur répond par des proclamations constatant l'amélioration du sort de l'Ile ; les consuls d'Angleterre, de France et de Russie répondent en blâmant l'Épitropie qui « loin d'améliorer la situation produira un effet tout opposé. (2) » L'Angleterre cependant, qui se joignait ainsi à la France et à la Russie pour adresser un blâme aux Crétois, semble avoir pris une part active dans ces troubles. Rustem-Pacha se plaignait en effet à lord Salisbury que l'un des promoteurs d'une réunion tenue à Clima en septembre 1895, semblait avoir « des attaches avec le consulat d'Angleterre (3) ». Le consul d'Angleterre, interrogé sur ce fait par le ministre anglais, ne le nia pas, mais lord Salisbury déclina toute responsabilité à raison de son agent qui d'ailleurs, dit-il, avait été « subitement frappé d'aliénation mentale temporaire (4) ». C'est là une excuse vraiment bien commode pour dégager sa responsabilité. On a prétendu que, par son attitude en Crète, l'Angleterre voulait ainsi se venger de l'échec de sa politique en Arménie.

Sir A. Billiotti, consul d'Angleterre à la Canée, n'était pas anglais de naissance, mais levantin. Ayant rendu de

---

(1) STREIT, *loc cit.*, p. 92.
(2) Livre jaune (1894-97), p. 30, n° 30.
(3) Livre bleu, 1896, p. 14, n° 7.
(4) Livre bleu, 1897, n° 7, n°s 25 et 34.

nombreux services aux archéologues anglais à Rhodes, il fut nommé consul à la Canée. Il ne fut jamais populaire en Crète, il y eut toujours entre lui et les Crétois cette méfiance qui caractérise les rapports entre les Levantins catholiques et les chrétiens orthodoxes. Notre consul, M. Blanc, étant devenu son gendre, cette impopularité rejaillit sur lui. Il eût peut-être été sage pour ces deux Puissances de déplacer leurs consuls, d'autres agents auraient eu plus d'influence sur les Crétois.

La Porte, suivant son habitude, ne répondit pas aux réclamations des Crétois ; elle envoya des renforts qui n'eurent d'autre effet que d'augmenter l'agitation. Carathéodory-Pacha est, sur sa demande, remplacé par Tourkhan-Pacha. Devant le silence de la Porte, l'Épitropie renouvelle ses réclamations (1/13 décembre) et se retire dans les montagnes du district d'Apokorona pour y passer l'hiver.

Tourkhan-Pacha était arrivé dans l'Ile porteur d'une proclamation d'amnistie. Cette mesure mécontenta tout le monde : les musulmans d'abord, pour qui c'était une défaite, et les chrétiens, qui y voyaient une fin de non-recevoir. Au printemps de 1896, l'agitation recommença plus vive, le 16/28 février une protestation contre la conduite de la Porte est remise aux consuls pour demander aux Puissances d'appuyer les demandes des Crétois. Mais celles-ci marquaient une grande indifférence pour la question crétoise : l'Angleterre ne tenait pas à renouveler en Crète l'échec de sa politique en Arménie, la Russie se consacrait entièrement à ses intérêts d'Extrême-Orient; quant à la France, son ancienne politique de protection des chrétiens d'Orient était complètement délaissée.

La Grèce tira les Puissances de leur indifférence. La Porte, loin de répondre aux réclamations des Crétois, avait envoyé des troupes. Les musulmans s'enhardirent et les massacres commencèrent dans les villes; le fanatisme des beys se réveilla et l'Ile fut bientôt mise à feu et à sang. L'Épitropie s'érigea en assemblée révolutionnaire et décida l'insurrection en masse. A la vue de ces horreurs, une grande effervescence se manifesta en Grèce, des comités se formèrent et envoyèrent en Crète des armes, de l'argent et des munitions. On blâmait vivement l'inaction du Gouvernement, mais celui-ci n'osait pas intervenir, se bornant à laisser faire l'initiative privée. La Turquie protesta contre cette attitude auprès des Puissances. Enfin M. Delyanni demande aux Puissances d'intervenir auprès de la Porte et d'obtenir d'elle les concessions demandées par les Crétois, et notamment la convocation de l'Assemblée générale (mai 1896).

Il était difficile aux Puissances de rester indifférentes à cet appel, surtout devant les massacres qui avaient lieu en Crète. Tout d'abord elles envoyèrent des navires dans les eaux crétoises pour protéger leurs nationaux (1). La France était assez disposée à une intervention, mais elle la voulait collective. Elle suivait en cela la ligne de conduite tracée par lord Salisbury : « Il y a tant d'intérêts engagés, disait-il au baron de Courcel, ... que je ne pourrais m'imaginer qu'une Puissance quelconque en Europe désirât procéder isolément dans l'Ile. En tous cas s'il y avait une telle Puissance, ce ne serait certes

(1) Liv. jaune (1894-97), pp. 5o et suiv.

pas le Gouvernement de la Reine (1). » C'était la condamnation de toute action isolée ; aussi pendant toute cette période la politique européenne n'eut-elle qu'un souci : établir l'accord et ne pas engager trop loin sa responsabilité. Ainsi M. Hanotaux n'autorise (28 mai) M. Blanc à faire des démarches dans le but d'arriver à une médiation en Crète qu'à la condition : « 1° que ces démarches soient concertées et accomplies dans les mêmes termes, à titre personnel, par tous vos collègues des Grandes Puissances ; 2° qu'elles n'entraînent aucune initiative..... » Il lui recommande aussi de se mettre « en complet accord » avec son collègue de Russie (2). Dans ces conditions, seuls les moyens pacifiques avaient chance de réussir ; aussi dès la proposition d'une mesure de violence, verrons-nous l'accord se rompre.

La France, nous l'avons vu, était disposée à une intervention, aussi prit-elle l'initiative d'une démarche collective et le 27 mai M. Hanotaux priait nos représentants à l'étranger de pressentir les divers Gouvernements sur la nécessité de « maintenir le contact entre les Puissances afin de chercher les moyens de remédier à la situation ou tout au moins de prévenir toute action isolée ou divergente (3) ». L'Autriche, la Russie et l'Italie accèdent à cette proposition (29 mai); l'Angleterre tout d'abord s'oppose à une intervention, puis enfin consent à une démarche commune des consuls (4). Mais tout en accédant à la proposition française, les Puissances l'avaient

(1) Liv. bleu Turkey, n° 7, 1896, p. 108, n° 200, et STREIT, *loc. cit.*, p. 463.
(2) Liv. jaune cit., p. 56, n° 79.
(3) Liv. jaune, p. 53, n° 73.
(4) Liv. jaune, p. 65, n° 94.

fait sans grand empressement et n'envoyaient aucune instruction à leurs représentants à Constantinople. M. Cambon insiste, le 7 juin, sur la nécessité d'un accord immédiat : « Abdul-Hamid, convaincu que l'Europe est divisée, incapable de se mettre d'accord pour une action commune se laissera peut-être entraîner à n'employer que la force... Le Sultan fera des promesses, les Crétois n'y croiront pas; les uns et les autres ne désarmeront que sous la contrainte de l'Europe (1). » Enfin le 19 juin l'accord s'établit entre la France, l'Autriche et la Russie pour demander à la Porte la nomination d'un Gouverneur chrétien, le rétablissement du règlement de Halépa et la convocation de l'Assemblée générale. L'Angleterre se déclara prête à se joindre aux Puissances; l'Allemagne et l'Italie envoient leur adhésion. L'accord était établi, le 24 juin les représentants des Puissances à Constantinople remettent à la Porte la note suivante (2) :

« ... Les six Gouvernements, également soucieux de voir mettre un terme à une situation aussi grave, ont été unanimes à conseiller à la Sublime Porte l'application des mesures suivantes : 1° nomination d'un Gouverneur Général chrétien; 2° remise en vigueur du règlement de 1878 en exécution de l'acte de Halépa; 3° convocation de l'Assemblé générale; 4° amnistie générale (3). »

Le Sultan se soumet et se décide à accorder aux Crétois les réformes demandées; mais, pour ne pas s'engager envers les Puissances, il ne répond pas à la note du 24 juin; les six ambassadeurs insistent pour avoir une

---

(1) Liv. jaune cit., p. 73, n° 113.
(2) Liv. jaune, pp. 86 et 88, n°s 132, 135 et suiv.
(3) Liv. jaune, p. 91, n° 143.

réponse (2 juillet). Le lendemain la Porte répond *verbalement* que « des ordres ont été donnés pour l'application immédiate des mesures mentionnées dans la note (1) ». En faisant ainsi une réponse verbale, la Porte entendait ne pas contracter d'engagement vis-à-vis de l'Europe. L'Assemblée avait été convoquée pour le 29 juin et le Sultan avait promis de prendre en considération ses délibérations si les insurgés déposaient les armes. Un Gouverneur chrétien, Georges Bérovitch-Pacha, avait été nommé, mais Abdullah-Pacha avait été maintenu comme Gouverneur militaire. Les chrétiens défiants, surtout à cause du maintien d'Abdullah-Pacha, refusèrent de déposer les armes et s'abstinrent d'aller à l'Assemblée.

Sur la proposition de l'Autriche, une action commune des consuls fut décidée pour obtenir des chrétiens qu'ils se rendissent à l'Assemblée et une démarche collective fut faite par les représentants des Puissances à Athènes, auprès du Gouvernement grec, pour qu'il cesse d'entretenir l'agitation dans l'Ile (2). L'Angleterre propose même, pour accélérer la pacification, que son consul à la Canée parcourre toute l'Ile en recommandant aux populations de rester calmes. Mais les Puissances, se défiant non sans raison d'une telle proposition, la rejettent comme « inopportune (3) ». Sur les instances des consuls, les chrétiens consentent à se rendre à l'Assemblée et, le 13/25 juillet, ils s'entendent sur les réformes à demander à la Porte. Une copie de ces réclamations est remise au Gouverneur pour la transmettre au Sultan, une autre est

(1) Liv. jaune cit., p. 98, nos 160 et suiv.
(2) Liv. jaune, p., 104, no 169.
(3) Liv. jaune, pp., 115 et 119, nos 188 et 195.

adressée aux consuls et, en attendant la réponse de la Porte, l'Assemblée s'ajourna. Voici les principales réformes demandées (1) :

« Le Gouverneur Général sera chrétien orthodoxe, nommé par le Sultan, après approbation des Puissances (art. 2). Il sera nommé pour cinq ans et assisté d'un conseil composé de sept membres indigènes nommés pour deux ans (cinq chrétiens et deux musulmans) et de trois membres étrangers, Européens sachant le grec, inamovibles (art. 6 et 7).

« L'Assemblée se réunira tous les deux ans et la session sera de deux à trois mois (art. 14). Le Gouverneur sanctionnera et promulguera les lois ; il aura le droit de veto (art. 19 et 20).

« L'Ile aura une entière indépendance financière moyennant un tribut annuel de 10.000 livres turques (art. 24).

« La Porte ne pourra avoir dans l'Ile plus de 4.000 soldats, qui seront cantonnés dans les principales villes (art. 33).

« Les tribunaux seront mixtes dans les proportions de la population ; la peine de mort sera abolie (art. 37 et 40).

« Enfin la Constitution devait être placée sous la garantie des Puissances ».

Ce projet impliquait non seulement l'intervention des Puissances pour la garantie de la Constitution, mais il établissait aussi le contrôle permanent des Puissances dans l'Ile par l'admission de trois membres européens dans

____

(1) Liv. jaune cit., p. 136, et STREIT, *op. cit. loc. cit.*, p. 97.

le Conseil exécutif. Il est vrai que ces membres ne devaient pas forcément appartenir à l'une des Puissances (ils auraient pu être Grecs par exemple), mais rien ne s'opposait à ce que ce fussent des sujets de l'une d'elles.

La Porte ne se pressa pas de répondre à ce projet, qui avait pour effet d'annihiler son influence en Crète. Mais pendant ce temps Abdullah-Pacha continuait à exciter les musulmans, qui rompent l'armistice. Plusieurs fois déjà les représentants des Puissances avaient demandé son rappel au Sultan (1), mais celui-ci ne répondait que par de vagues promesses, leur montrant des télégrammes qu'il envoyait soi-disant en Crète pour recommander la modération aux autorités militaires. Il envoie deux commissaires, Zichny-Pacha et Skiadès-Effendi, pour demander aux chrétiens de renoncer à leur projet de Constitution. Naturellement ceux-ci s'y refusent obstinément. De nouvelles troupes débarquent alors dans l'Ile et la situation s'aggrave.

L'opinion publique se soulève à nouveau en Grèce. Des armes, des munitions et même des troupes sont envoyées secrètement dans l'Ile. Le comte Goluchowski, effrayé du contre-coup de la révolution crétoise en Macédoine, où se manifestent certains troubles, est partisan des moyens violents ; il propose « un blocus pacifique de l'Ile de Crète d'accord et conjointement avec la Porte (2) » (25 juillet). A cette proposition, la France se déclare disposée à examiner « la suite pratique qu'elle comporterait (3) ». Notre ministre savait bien que l'opinion publi-

---

(1) Liv. jaune cit., pp., 129 et 144, n°s 215 et 218.
(2) Liv. jaune, p. 155, n° 254.
(3) Liv. jaune, p. 164, n° 270.

que en France était opposée aux moyens violents, mais, devant l'attitude de la Russie, il n'osa pas l'avouer franchement et ne s'opposa pas à l'idée d'un blocus. Lorsque peu après l'Angleterre déclara s'opposer absolument à la violence, il en profita pour repousser la proposition de l'Autriche, mais il ne le fit point encore nettement puisqu'il allégua « l'opinion en Angleterre et ailleurs » (1) pour motiver son refus. — L'Italie réserve son adhésion à la proposition autrichienne afin de voir la façon dont la question sera envisagée par les autres Cabinets. L'Allemagne et la Russie adhèrent à la proposition autrichienne et s'opposent à une nouvelle pression sur le Cabinet d'Athènes, pression qui, d'après la Russie, ne serait pas plus efficace que les précédentes (2). C'était de la part du Gouvernement russe l'abandon complet de son ancienne politique de protection des chrétiens ; certes, autrefois le prince Gortchakoff eût vivement repoussé l'idée même d'une pareille mesure.

L'Angleterre refuse de s'associer à ce projet ; après avoir d'abord demandé à réfléchir, lord Salisbury refuse nettement de participer à ce blocus, préférant une nouvelle pression sur le Cabinet d'Athènes. A ce refus, il donne trois raisons : 1° « Il croit l'opinion publique en Angleterre tellement impressionnée par les actes de cruautés à la charge des autorités ottomanes qu'il ne serait pas possible de faire accepter par elle une coopération de la flotte anglaise à des mesures de contrainte dirigées contre des populations chrétiennes (3) ». Ce n'est

(1) Liv. jaune cit., p. 175.
(2) Liv. jaune, p. 156, n° 255.
(3) Liv. jaune, p. 162, n° 266.

pas là une véritable raison, surtout de la part de l'Angleterre ; en maintes circonstances, et notamment en 1830 et plus tard en 1897, le Gouvernement anglais ne s'est nullement soucié d'agir à l'encontre de l'opinion publique du pays. — 2° Lord Salisbury prétendait en outre que, vu l'étendue des côtes de l'Ile, le blocus ne pourrait être effectif, l'insurrection continuerait et « la dignité des Puissances serait compromise ». — 3° Enfin il déclarait ne pas bien comprendre la proposition du comte Goluchowski (1). Ces deux autres raisons étaient meilleures, surtout la dernière, rien n'était plus obscur et plus bizarre en effet que ce blocus, tel que l'imaginait le ministre autrichien qui l'intitulait « pacifique et humanitaire ». Ce blocus, dans son idée, devait être fait « d'accord et conjointement avec la Porte », et cependant il était dirigé contre elle. Quelle situation bizarre faisait-on au Sultan qui demandait un blocus dirigé contre lui-même ? D'ailleurs, ce n'eût pas été là une solution ; l'insurrection sans doute eût été étouffée, mais alors la Porte n'aurait plus voulu accorder de réformes et l'agitation eût bientôt recommencé en Crète.

Devant l'opposition de l'Angleterre, le comte Goluchowski, d'accord avec la Russie, et sans renoncer cependant à l'idée d'un blocus, propose une médiation consulaire « en vue d'amener une entente sur les modifications à apporter à la Convention de Halépa (2) ». M. Cambon s'oppose vivement à cette proposition qui, à son avis, « recommencerait un travail déjà fait et serait vouée à

(1) Liv. bleu Turkey, n° 7, 1896, p. 231, n° 405, et STREIT, *loc. cit.*, p. 465.
(2) Liv. jaune cit., p. 173, n° 289.

un insuccès certain » ; il réclame une intervention directe auprès du Sultan par les représentants des Puissances à Constantinople (1). Lord Salisbury est également opposé à la médiation consulaire et se déclare partisan d'une entente des ambassadeurs à Constantinople (5 août) (2). L'Allemagne et l'Italie se rangent à cette proposition.

Pendant que leurs Gouvernements hésitaient ainsi, les ambassadeurs à Constantinople, voyant mieux les choses sur place, agissaient et prenaient sur eux de faire des représentations au Sultan (3). Ils se réunissent sans avoir reçu d'instructions et élaborent un projet de règlement (10 août). M. Hanotaux agit auprès de la Russie pour que les deux cabinets prennent l'initiative « d'une action diplomatique ayant pour point de départ l'entente intervenue entre les Puissances ». D'après lui, il faut « agir le plus vigoureusement possible sur l'esprit du Sultan pour qu'il accepte sans retard les propositions des ambassadeurs (4) » (15 août). Le prince Lobanoff adhère à cette proposition ; l'Autriche, heureuse de voir un moyen de faire cesser l'insurrection crétoise, accepte également, déclarant que « c'est le moment psychologique pour exercer une pression sur le Sultan » (5) (19 août), mais elle ne renonce pas à l'idée de sa commission consulaire qui pourrait agir en même temps que les ambassadeurs. Le Sultan lui-même désire la solution de la question crétoise et déclare s'en remettre aux bons offices des Puissances « pour terminer cette question sur une base qui, tout en

(1) Liv. jaune cit., p. 180, n° 302.
(2) Liv. jaune, pp. 181 et 185, n°s 303 et 310.
(3) Liv. bleu Turkey, n° 7, 1896, p. 87.
(4) Liv. jaune cit., p. 193, n° 323.
(5) Liv. jaune cit., p. 197, n° 331.

donnant satisfaction au peuple crétois, sauvegarderait ses droits souverains (1) » (20 août). L'idée d'une commission consulaire est définitivement écartée ; les Puissances envoient à leurs représentants à Constantinople les pouvoirs nécessaires pour élaborer un règlement. Les délégués crétois acceptent l'arbitrage des Puissances comme le seul moyen qui pouvait terminer promptement la question ». Le 25 août, les ambassadeurs font remettre un projet de règlement au Sultan qui l'accepte le lendemain.

L'intervention des Puissances aboutissait donc à une solution pacifique, à une sorte d'arbitrage, puisque les deux parties en cause, le Sultan et les Crétois, avaient accepté de leur plein gré la médiation proposée par les Puissances.

Ce règlement, lorsqu'il fut lu par les consuls à la Canée aux délégués chrétiens, était précédé de l'exposé suivant (2) :

« Les représentants des Grandes Puissances ont fait à la Sublime Porte certaines propositions qui leur ont paru de nature à amener la pacification de l'Ile. Ces propositions sont conçues dans un esprit de justice et de parfaite impartialité. Elles forment, de l'avis unanime des Puissances, le maximum des concessions qui pourraient être recommandées. Elles sont pleinement suffisantes pour améliorer l'Administration de l'Ile et pour donner une satisfaction équitable aux Crétois... (Un délai de 3 jours leur était accordé pour accepter le règlement)... Les Grandes Puissances s'assureront, conformément

(1) Liv. jaune, cit. p. 200, no 336.
(2) Streit, *loc. cit*, p. 101.

aux dispositions de l'article 14 du Règlement, de l'exécution de l'arrangement tant avec la Sublime Porte que sur les lieux. Une Commission, composée de leurs consuls, sera chargée de veiller à l'application et au développement prévu des dispositions dudit arrangement... » L'exposé se terminait par des conseils de paix adressés aux Crétois.

Quant au Règlement lui-même en voici le texte intégral (1) :

Règlement du 25 août 1896

1° Le Gouverneur Général de Crète sera chrétien et nommé pour 5 ans par le Sultan avec l'assentiment des Puissances.

2° Le Gouverneur Général aura le droit de véto sur les lois votées par l'Assemblée à l'exception de celles qui visent à des changements aux règlements constitutionnels de l'Ile (statut organique, pacte d'Halépa et ses modifications, lesquelles seront soumises à la sanction de S. M. I. le Sultan).

Le droit de veto s'exercera dans un délai de 2 mois, passé lequel les lois seront considérées comme sanctionnées.

3° Le Gouverneur Général pourra, en cas de troubles dans l'Ile, disposer pour le rétablissement de l'ordre, des troupes impériales qui, en dehors de ce cas, se tiendront dans leurs garnisons ordinaires.

4° Le Gouverneur Général nommera directement aux emplois secondaires dont la liste sera ultérieurement fixée. Les emplois supérieurs resteront à la nomination du Sultan.

5° Les fonctions publiques seront attribuées pour les 2/3 aux chrétiens et pour 1/3 aux musulmans.

6° Les élections de l'Assemblée générale et les sessions de cette Assemblée auront lieu tous les deux ans.

Les sessions dureront de 40 à 80 jours.

L'Assemblée votera le budget biennal, vérifiera les comptes, discutera et votera à la majorité des membres présents les projets de

(1) Liv. jaune cit., p. 208.

lois et propositions qui lui seront soumis par le Gouverneur Général ou les Députés.

Les propositions relatives à des modifications à introduire dans es règlements constitutionnels de l'Ile devront être votées à la majorité des 2/3.

Aucune loi nouvelle ne sera applicable si elle n'a été votée par l'Assemblée.

7º Les propositions tendant à une augmentation des dépenses du budget ne peuvent faire l'objet d'une discussion de l'Assemblée que si elles sont introduites par le Gouverneur Général, le Conseil administratif ou les bureaux compétents.

8º Les dispositions du firman de 1887 accordant à la Crète la moitié du revenu des douanes de l'Ile seront remises en vigueur.

L'impôt sur l'importation du tabac appartiendra à l'Ile.

La Sublime Porte prend à sa charge les déficits provenant des budgets non votés par l'Assemblée, déduction faite des sommes avancées à l'Ile par le Trésor Impérial.

9º Une Commission composée d'officiers européens procédera à la réorganisation de la gendarmerie.

10º Une Commission composée de jurisconsultes étrangers étudiera les réformes à opérer dans l'organisation de la justice, sous la réserve la plus expresse des droits résultant des Capitulations.

11º La publication des livres et journaux, la fondation d'imprimeries et celle de sociétés scientifiques seront autorisées par le Gouverneur Général conformément à la loi.

12º Les immigrants originaires de la Cyrénaïque ne pourront s'installer en Crète sans autorisation du Gouverneur. Ce fonctionnaire aura le droit d'expulser tout indigène qui ne pourra justifier de moyens d'existence ou dont la présence lui paraîtra dangereuse pour l'ordre public, sous la réserve des droits acquis aux sujets étrangers.

13º Dans les six mois qui suivront la sanction des présentes dispositions, l'Assemblée générale sera convoquée, et les élections seront ordonnées conformément à la loi de 1888. Jusqu'à la réunion de l'Assemblée, le Gouverneur Général, d'accord avec le Conseil administratif, réglera par des ordonnances provisoires l'exécution des présentes dispositions.

14º *Les Puissances s'assureront de l'exécution de toutes ces dispositions.*

Nota. — Les représentants des Puissances sont d'avis qu'il y a lieu d'accueillir favorablement la demande d'établissement d'une surtaxe douanière destinée aux indemnités pour les dommages causés par les derniers événements. Mais il est essentiel, d'après eux, d'en faire surveiller l'emploi par les Consuls.

Buyuk-Déré, 25 août 1896.

Dans le projet élaboré le 10 août par les ambassadeurs, l'article 14 était ainsi concu : « Les Puissances s'assure- « ront auprès de la Sublime Porte de l'exécution, etc... » Dans le texte définitif, ces mots « auprès de la Sublime Porte » furent supprimés, afin, écrivait M. de la Boulinière, notre chargé d'affaires à Constantinople, à M. Hanotaux, « de laisser à notre surveillance *plus de latitude* (1). » Les Puissances, comme il était expliqué dans l'exposé que nous avons vu plus haut, se réservaient la faculté d'exercer leur contrôle non seulement auprès de la Porte, mais aussi sur place même. En effet, en même temps que le Règlement, une note était adressée aux consuls ainsi concue : « Les Puissances s'assureront de l'exécution de l'arrangement tant auprès de la Sublime Porte que sur les lieux où une Commission composée de leurs consuls sera chargée de veiller à l'application du dit Règlement ». Cette note, on le voit, reproduit presque textuellement les termes de l'exposé. Le contrôle des Puissances devait donc être double, il devait s'exercer à Constantinople et sur les lieux.

L'Épitropie accepte le Règlement le 22 août/3 septembre. Un firman vint confirmer la nouvelle Constitution en vertu de laquelle Bérovitch-Pacha était nommé Gou-

____

(1) Liv. jaune cit., lp. 205, n° 348.

verneur Général pour 5 ans, nomination qui fut confirmée par les ambassadeurs le 24 septembre.

Les Crétois étaient satisfaits et votèrent une adresse de remerciements aux Puissances. Une adresse spéciale, envoyée par le comité national crétois à lord Seymour, commandant en chef de l'escadre anglaise de la Méditerranée, donna lieu à une vive polémique de presse en France et en Angleterre au sujet de l'initiative prise par les Puissances pour la proposition du nouveau Règlement. D'après notre étude, il nous semble que la première proposition émanait de M. Cambon, notre ambassadeur à Constantinople.

Le Règlement du 25 août 1896 mettait l'île dans une situation particulière : quoique soumise au Sultan, qui en restait le souverain, elle avait cependant une certaine autonomie. Cette situation était intermédiaire entre l'autonomie complète et la dépendance absolue qui existait auparavant. C'était, comme le dit très justement M. Streit, une « mi-souveraineté ».

Quant à la garantie des Puissances, elle ne faisait que continuer la « tutelle collective » à laquelle était soumise la Porte depuis longtemps. Le Sultan, en effet, en acceptant la médiation des Puissances et le règlement élaboré par les ambassadeurs, avait contracté vis-à-vis d'elles une obligation juridique pour l'application des réformes. Les Crétois avaient aussi contracté vis-à-vis d'elles, en acceptant leur médiation, l'obligation de se soumettre. Mais les Puissances par contre avaient contracté vis-à-vis des Crétois une obligation, un devoir de protection et de contrôle. Les Puissances, notamment l'Angleterre, ne l'entendirent pas ainsi et considérèrent cette garantie de l'article 14 non pas comme un devoir, mais comme un droit. L'ambassadeur d'Angleterre à Constantinople écrivait à lord Salisbury que le mot « s'assureront » de l'article 14 « impliquait non pas une obligation, mais seulement un droit des Puissances » et que c'était bien avec intention « que cet article avait été conçu en termes vagues (1) ». Dès lors, s'il n'y avait qu'un droit pour les Puissances et non une obligation, elles pouvaient librement user de ce droit ou y renoncer. Mais c'était là une erreur de la part de l'agent britannique. Nous l'avons vu au début de cette étude, en droit strict le droit d'intervention ne peut se justifier, mais du moment qu'à tort ou à raison une ou plusieurs Puissances s'arrogent ce droit, par le fait même de cette intervention, un devoir naît pour les Puissances intervenantes. C'est ce devoir que méconnaissait l'Angleterre et que méconnurent les Puissances, comme nous allons le voir. Les Crétois, en acceptant leur médiation, en acceptant le Règlement du 25 août, entendaient bien la garantie promise par l'article 14 comme une obligation pour les Puissances; car, étant donnée la façon dont la Porte avait toujours tenu ses promesses à leur égard, seule cette obligation donnait quelque valeur aux réformes promises.

(1) Liv. bleu Turkey, n° 7, 1896, pp. 313 et 320, et Streit, *loc. cit.*, p. 450.

CHAPITRE II

Tentatives de réformes en Crète par les Puissances. — Massacres des Chrétiens. — Insurrection de 1897. — Débarquement du colonel Vassos en Crète en février 1897. — Occupation internationale. — Blocus de l'Ile (mars 1897). — Conflit gréco-Turc. — Maintien du blocus de l'Ile. — Fin du conflit Gréco-Turc. — Evacuation de la Crète par les troupes grecques (mai 1897).

Ce n'était pas tout que d'avoir obtenu du Sultan la confirmation du Règlement du 25 août, il fallait encore obtenir l'exécution des dispositions contenues dans ce Règlement et c'était là peut-être le plus difficile de la tâche des Puissances. Il en coûte peu en effet au Sultan d'accorder des réformes ; pour lui c'est un moyen de se tirer d'embarras, de sortir d'une situation difficile. Mais il y a loin des promesses faites à leur exécution ; or, en 1896, la Porte s'était bien promis de ne pas tenir compte des réformes concédées et de les faire échouer.

Sa mauvaise foi fut évidente ; on en eut bientôt la preuve. Le Règlement du 25 août avait été rédigé en français ; les traductions qui en furent affichées à la Canée en langues grecque et turque étaient, au dire des consuls, « grossièrement inexactes et portant des modifications très essentielles aux dispositions convenues (1) ». Les ambassadeurs protestèrent vivement auprès du Sultan et, devant ses réponses évasives, prirent sur eux de faire afficher des traductions exactes.

Les Puissances d'ailleurs ne prirent pas sérieusement leur rôle de garantes du règlement ; elles ne résistèrent pas avec assez de force contre le mauvais vouloir de la Porte ; en outre, l'entente cessa de régner entre elles ; des rivalités et des désaccords se produisirent sur des questions de détails.

Pour faire œuvre utile, il fallait avant tout rétablir le calme dans l'Ile en obtenant la désagrégation des 50.000 ou 60.000 musulmans, groupés dans quatre ou cinq centres. Les consuls ne cessèrent de la réclamer ; mais pour cela il fallait de l'argent. L'insurrection, en effet, avait ruiné les campagnes, les musulmans ne pouvaient donc rentrer ainsi dans leurs villages sans pain et sans abri. Il leur fallait des ressources pour reconstruire leurs maisons et vivre jusqu'à la prochaine récolte. Le 3 septembre, notre consul, M. Blanc, estimait que 100.000 livres turques (soit 2 millions 1/2) seraient suffisantes ; cela représentait environ 400,000 francs par Puissance. Mais celles-ci, au lieu d'envoyer aussitôt cette somme plutôt minime pour leurs budgets, lésinent ; elles préfèrent que l'on fasse un emprunt qui serait souscrit par des financiers, et chacune présente son candidat. M. Hanotaux insiste pour que l'on prenne la Banque de Paris et des Pays-Bas. Et l'on discute à perte de vue sur ce point, alors que les consuls demandaient une prompte solution. Le 2 octobre,

_____

(1) Liv. bleu Turkey, n° 7, 1896, n° 5, et STREIT, *loc. cit.*, p. 456.

M. Blanc insiste à nouveau; il ne demande plus que 25.000 livres turques, soit seulement 100.000 francs par Puissance. Mais on ne se décida pas à envoyer l'argent. Cependant c'était là peut-être le vrai moyen de régler pacifiquement la question crétoise : on aurait évité ainsi bien des difficultés et aussi bien des dépenses (1) !

Quant à l'application même des réformes, elle traîna en longueur par suite du mauvais vouloir de la Porte, qui espérait toujours ne rien faire, et par suite aussi du désaccord des Puissances. Un premier sujet de discussions fut la Commission consulaire. Quelles fonctions devait-on au juste lui attribuer ? Après bien des hésitations on tomba enfin d'accord, le 14 septembre seulement, pour décider qu'elle n'aurait qu'une mission de pure surveillance, qu'elle n'aurait aucune initiative et se contenterait pour les questions d'interprétation de s'en référer aux ambassades (2). C'était là une erreur : personne n'était mieux à même de juger les questions de détail que les consuls qui se trouvaient sur les lieux mêmes et à qui devaient forcément s'en rapporter les ambassadeurs pour avoir des renseignements précis; c'était donc encore une perte de temps.

La Commission de réorganisation de la gendarmerie ne pouvait non plus se constituer. La Porte y mettait mille obstacles, elle ne voulait notamment y nommer que des officiers subalternes et ne parlant pas la langue grecque. Le 15 novembre les ambassadeurs insistaient encore auprès du Sultan pour obtenir l'envoi en Crète d'officiers supérieurs et compétents. Ainsi, près de trois mois après

(1) BÉRARD, Les Affaires de Crète.
(2) Liv. jaune cit., p. 241.

le Règlement ,cette Commission n'avait pas pu encore être constituée.

: Il en fut de même de la Commission des réformes à la tête de laquelle la Porte avait décidé de mettre Djevdet-Effendi, homme connu pour ses sentiments peu libéraux. Sur les protestations des ambassadeurs, et après bien des difficultés soulevées par la Turquie, la Commission est enfin prête à quitter Constantinople, ayant à sa tête Costaki-Effendi, président de la Cour d'appel de Constantinople (1ᵉʳ décembre). Au dernier moment, le Sultan se ravise et le remplace par Nazim-bey. Les ambassadeurs envoient une note de protestation (5 décembre) annonçant que les délégués à la Commission ont reçu l'ordre de ne pas recevoir Nazim-bey (1). Le Sultan fait appel « aux sentiments élevés de S. E. l'ambassadeur de France » pour obtenir l'admission de Nazim au sein de la Commission (2) (8 décembre). Désireuses d'arriver à une solution et lasses de lutter ainsi, les Puissances cédèrent.

Pendant ce temps la situation ne s'améliorait pas en Crète. Les musulmans ne rentraient pas dans leurs villages et faisaient preuve du plus grand mauvais vouloir, semblant obéir « à un mot d'ordre et à certaines suggestions venant de Constantinople (3) » . Malgré les réclamations des chrétiens, et en vertu de l'article 13 du Règlement autorisant le Gouverneur Général à rendre des ordonnances provisoires , une ordonnance du Grand Vizir maintint les tribunaux existant avant le Règlement jusqu'à l'exécution des réformes par la Commission. Sur

---

(1) Liv. jaune cit., p., 292, nº 475 et Liv. bleu Turkey, nº 7, 1896, p. 124.
(2) Liv. jaune, p. 295, nº 482.
(3) Liv. jaune, p. 249, nº 413.

les protestations des ambassadeurs, cette ordonnance fut rapportée; mais ces protestations avaient été absolument de pure forme, car, en fait, les tribunaux n'en restèrent pas moins composés comme auparavant.

En outre la Porte n'avait cessé d'entraver le Gouverneur chrétien et de lui créer toutes sortes de difficultés. Elle envoya en Crète le général Saadeddin-Pacha, soi-disant « pour prêter son concours au Vali en cas de soulèvement ou de troubles des *Musulmans* (1) ». Mais bientôt apparut le véritable but de sa mission, qui était d'entraver par tous les moyens possibles l'exécution des réformes et rendre impossible l'administration du Gouverneur chrétien. Les ambassadeurs protestent le 26 novembre et demandent son rappel (2). La Porte n'en fait rien et continue ses intrigues. Le 12 décembre, les ambassadeurs remettent au Sultan une note verbale ou plutôt un ordre constatant que « les ordres formels donnés par la Sublime Porte à Saadeddin-Pacha prouvent qu'elle fait une nouvelle tentative pour fausser dans son principe l'application du Règlement crétois et qu'elle viole de propos délibéré une de ses plus importantes prescriptions, » et qu'en conséquence Saadeddin « devra avant lundi prochain avoir reçu par le télégraphe l'ordre de rentrer immédiatement à Constantinople (3) ». Il suffit avec la Porte de parler fermement; devant cette mise en demeure catégorique, elle céda, et trois jours après Saadeddin recevait l'ordre de quitter la Crète.

Malgré tous ces obstacles, les travaux de réformes avan-

---

(1) Liv. jaune cit., p. 281, n° 461.
(2) Liv. jaune, p. 282, n° 463.
(3) Liv. jaune, p. 297, n° 485, et Liv. bleu Turkey, n° 7, 1896, p. 120.

çaient. Les Puissances avaient donné leur assentiment à l'établissement d'une surtaxe douanière de 3 0/0 dans l'Ile pour indemniser les victimes de l'insurrection, et les consuls avaient été chargés de régler le contrôle de la perception et de l'emploi de cette surtaxe (1).

La Commission pour la réorganisation de la gendarmerie remit aux ambassadeurs, le 16/28 décembre 1896, son projet de réformes. En voici les traits principaux (2):

La gendarmerie aura une organisation militaire; elle sera composée de chrétiens (2/3) et de musulmans (1/3). Il pourra y avoir des étrangers.

Le chef, chrétien et européen, sera nommé par le Sultan sur la présentation des ambassadeurs; il en sera de même de l'officier supérieur qui lui sera adjoint.

Les autres officiers supérieurs seront proposés par le Conseil de légion qui sera composé du commandant en chef et de trois officiers supérieurs. Les officiers subalternes seront proposés par ce même conseil, qui comprendra en outre deux capitaines. Ces propositions recevront l'approbation du Vali et seront soumises à la sanction du Sultan.

La gendarmerie sera complètement indépendante du pouvoir militaire et entièrement à la disposition du pouvoir civil.

Le Sultan s'opposa vivement à l'admission d'un élément étranger dans la gendarmerie; sur l'insistance des Puissances, il consentit l'admission des étrangers, mais à titre temporaire, pour commencer seulement et à condition qu'il n'y eût pas de Grecs. En exécution de ce règlement, 100 Monténégrins sont enrôlés et envoyés en Crète, et le major anglais Borr est nommé commandant provisoire en attendant l'arrivée du lieutenant-colonel néerlandais Buys.

(1) Liv. jaune cit., p. 254, n° 420.
(2) Liv. jaune, p. 254, n° 420, et STREIT, *loc. cit.*, p. 476.

Peu après (15/27 janvier 1897), la Commission pour la réorganisation de la justice remet également aux ambassadeurs un projet de réformes dont voici les traits essentiels (1) :

Les juges seront inamovibles et ne seront plus électifs.

Le procureur général, le président, le vice-président de la Cour d'appel seront nommés par le Sultan, sur la présentation du Gouverneur Général, avec l'approbation des Puissances. Les six premières années, ce seront des Européens.

Les magistrats seront chrétiens (2/3) et musulmans (1/3).

Un Conseil de justice, composé du procureur général et de trois conseillers (un chrétien et deux musulmans), sous la présidence du Gouverneur Général, sera au sommet de la hiérarchie judiciaire. Il formera une sorte de conseil de discipline et présentera au Gouverneur Général les candidats remplissant les conditions pour être magistrats (licencié en droit, garanties d'âge et de moralité);

Il y aura trois sortes de tribunaux : tribunaux de paix, de première instance et Cour d'appel. Il y aura deux degrés de juridiction. Les délits seront jugés par le tribunal de première instance et les crimes par deux Cours d'assises (Candie et la Canée), composées chacune de cinq membres. Il n'y aura plus de Cour de Cassation.

Pour les litiges où se trouve un étranger, les Capitulations resteront en vigueur (maintien de l'usage du drogman).

Mais les travaux de ces Commissions devaient rester infructueux et les deux projets de réformes ne devaient jamais recevoir d'exécution. En janvier 1897, la situation s'envenime en Crète. Les musulmans, encouragés d'ailleurs par les agents de la Porte, avaient manifesté un mécontentement chaque jour grandissant de voir ainsi les réformes s'accomplir malgré leur opposition. Les consuls, nous l'avons vu, n'avaient jamais pu obtenir l'argent nécessaire pour la désagrégation des masses musulmanes agglomérées dans les villes, masses où

______

(1) Liv. jaune cit., p. 335, n° 542, et STREIT, *loc. cit.*, p. 475.

l'agitation était facile à entretenir. Depuis quelque temps déjà des réunions secrètes avaient lieu, les quelques musulmans qui étaient rentrés dans leurs villages émigraient dans les villes. Sur un signe de la Porte, les massacres des chrétiens commencent à Candie (12/24 janvier), à Réthymo et à la Canée (18/30 janvier).

L'agitation augmente, les consuls se réunissent et tentent de s'interposer, mais tous leurs efforts sont inutiles. Le consul grec leur avait demandé de faire descendre à terre les marins des navires de guerre stationnant dans les eaux crétoises, pour rétablir l'ordre ; ils s'y refusent. Mais le 23 janvier/4 février, le feu éclate à la Canée dans les quartiers chrétiens et d'horribles massacres commencent ; les consuls se décident alors à faire débarquer les marins pour éteindre les incendies et protéger les consulats contre la violence des musulmans. La situation devient intenable à la Canée et, le 21 janvier/12 février, les consuls, le Gouverneur Général et les gendarmes monténégrins quittent la ville et se réfugient à bord des cuirassés des Puissances. La ville est à feu et à sang ; les massacres se continuent dans les campagnes. Les Crétois, exaspérés, proclament leur union à la Grèce (1).

La Porte profite de ces troubles pour critiquer la conduite des Puissances ; elle prétend que ces désordres ont pour seule cause l'application des réformes qu'elles ont voulu introduire dans l'Ile. En conséquence elle déclare qu'elle se voit forcée de reprendre en main l'administration de la Crète.

Mais ces événements devaient avoir un contre-coup en

(1) Voir le rapport de M. Cambon du 10 février 1897 (Livre jaune sur la Crète, février-mai 1897, p. 22, n° 47).

Grèce. On y avait suivi attentivement l'élaboration des réformes par les Commissions. A la vue des massacres qui eurent lieu, l'opinion publique se souleva et se monta de plus en plus en faveur des Crétois. Devant l'exaltation populaire grandissante, le Gouvernement grec ne put résister et, le 10 février, le prince Georges partait à la tête d'une flottille de torpilleurs, suivi trois jours après par le colonel Vassos qui, à la tête de 2.000 hommes, vint prendre possession de l'Île au nom du roi Georges.

A cette nouvelle, une vive inquiétude se manifesta en Europe et les Puissances envoyèrent des protestations à Athènes. Elles s'étaient déjà émues des désordres qui avaient eu lieu en Crète. L'Autriche surtout s'en inquiétait; craignant que ces troubles n'eussent un écho en Macédoine, elle demande le 8 février une intervention pour arrêter ce soulèvement, prétendant que « l'émancipation de la Crète serait un encouragement pour la Macédoine et les autres parties des Balkans. On y constaterait que, par des moyens révolutionnaires, on peut déjouer la volonté de l'Europe, et l'exemple peut être contagieux (1) ». Mais, comme toujours, l'attitude des Gouvernements était très hésitante. La conduite de la Grèce vint les tirer de leur indifférence. On déclara au Gouvernement grec que «la question crétoise était une question internationale et non une question hellénique... et qu'il n'y avait pas le moindre motif d'intervention de sa part (2) ». Cette déclaration présente une véritable contradiction; si la question crétoise en effet est une question internationale, elle est tout autant une question hellénique qu'une question anglaise,

(1) Livre jaune sur la Crète (février-mai 1897), p. 15, n° 32.
(2) Livre jaune sur la Crète p. 17, n° 36.

française ou russe. La Grèce est une Puissance souveraine comme les autres et à ce titre elle a le droit d'intervenir dans toute question internationale ; elle a même dans la question crétoise plus de droits que toute autre, car elle y a le plus d'intérêts. Le mot « question internationale » est donc impropre ici ; on aurait dû dire « question réservée aux 6 Grandes Puissances » ; cette expression, sans cependant justifier la déclaration, eût supprimé la contradiction qui s'y trouvait. A la nouvelle du débarquement du colonel Vassos en Crète à la tête de troupes grecques, les Puissances donnèrent aussitôt l'ordre à leurs amiraux de débarquer des détachements de marins afin de paralyser les troupes grecques qui certes n'auraient pas osé s'attaquer directement aux troupes internationales.

Ce débarquement en Crète du colonel Vassos était de la part de la Grèce une violation certaine du droit des gens, cela constituait l'envahissement en temps de paix et sans déclaration de guerre d'un territoire turc. En outre c'était une grosse faute de sa part. Ce coup de main en effet arrivait beaucoup trop tard, les bâtiments des Puissances étaient déjà dans les eaux crétoises et des marins furent aussitôt débarqués. Un mois plus tôt, les chances de succès auraient été bien plus grandes et l'union de l'Ile à la Grèce aurait pu être utilement déclarée. Dans ces conditions, un tel acte ne pouvait qu'indisposer les Puissances et nuire aux intérêts des Crétois. C'est en effet ce qui eut lieu : les Puissances n'étaient pas éloignées de consentir à l'annexion de l'Ile à la Grèce, mais, sitôt l'agression de la Grèce accomplie, le premier point sur lequel elles tombèrent d'accord sans hésitation, ce fut d'empêcher l'annexion.

Il ne faut cependant pas être trop sévère pour la Grèce en cette occurrence. Sans doute le débarquement du colonel Vassos en Crète est une violation du droit des gens, mais la responsabilité première en revient certainement aux Puissances. Nous avons vu combien leur attitude avait été peu énergique pour s'opposer au mauvais vouloir de la Porte dans l'accomplissement des réformes promises. En outre, loin de s'opposer aux premiers troubles qui avaient éclaté en Crète en janvier 1897, elles les avaient en quelque sorte encouragés par leur attitude passive. Les consuls à la Canée et les ambassadeurs à Constantinople n'avaient pas caché leurs appréhensions et n'avaient pas ménagé les avertissements sur la gravité des événements. Mais les Gouvernements se désintéressèrent de la question et n'envoyèrent pas d'instructions. Aussi quand les troubles éclatèrent plus violemment et que le consul grec demanda le débarquement des marins pour protéger les chrétiens, les consuls, faute d'instructions à ce sujet, durent refuser. Et quelques jours après, lorsque les marins furent débarqués, leur mission consista simplement à éteindre les incendies et à protéger les établissements européens : ils n'étaient même pas armés. Les massacres cependant faisaient des milliers de victimes, aussi le consul grec, effrayé de l'indifférence des Puissances devant ces horreurs, écrivait à son Gouvernement : « Aucun espoir, les chrétiens de la ville seront tous massacrés. » Rien ne fut donc fait par l'Europe pour arrêter ces massacres.

Les commandants des navires des Puissances se bornèrent à recueillir à leur bord les réfugiés crétois. Mais le nombre de ces malheureux était tel que les amiraux durent faire appel à la Grèce. Le 5 février, le consul italien demandait au Gouvernement grec d'envoyer des navires pour transporter des réfugiés en Crète, et, de fait, à l'arrivée de l'escadre grecque à la Canée, le commandant anglais remit au commandant grec trois cents réfugiés. C'était reconnaître à la Grèce un droit de protection sur les Crétois, un droit d'intervention dans l'Ile (1).

Il est donc étrange que, par la suite, les Puissances aient jugé de façon aussi sévère l'attitude de la Grèce, puisqu'on lui avait reconnu un droit d'intervention en Crète dans un but humanitaire. D'ailleurs, les partisans de l'intervention reconnaissent comme cause légitime d'intervention la sécurité intérieure. Or, la Grèce ne se trouvait-elle pas dans ce cas? La situation de la Crète, en proie à des insurrections et à des massacres continuels, était une cause d'agitation en Grèce et constituait un véritable danger, puisqu'à certains moments, en 1897 notamment, cette agitation prit des proportions telles qu'elle menaçait de renverser le Gouvernement. Devant l'indifférence des Puissances, la Grèce n'avait-elle pas le droit d'intervenir et de mettre un terme à cette situation troublée et à ces massacres (1) ?

Par suite de ces événements, la Crète se trouva placée dans une situation singulière. Trois Gouvernements se trouvaient alors en présence pour la régir : 1° les Puissances par l'intermédiaire de leurs amiraux ; 2° la Grèce par le colonel Vassos ; 3° le Sultan par Ismaïl-bey.

1° LES PUISSANCES. — Les amiraux se montrèrent, pen-

(1) STREIT, *op. cit. Revue générale de Dr. int. public* (janvier 1900, p. 18).

dant tous ces événements, d'une grande sévérité pour les chrétiens, parfois même ils favorisèrent manifestement les musulmans. Ils commencèrent par forcer le consul grec à la Canée à amener son pavillon, contrairement aux règles du droit international. Puis, le consul étant absent (8 mars), sous prétexte que le vice-consul n'avait pas le caractère officiel et que le consulat était un centre d'agitation, ils s'assurèrent de la personne du vice-consul et l'expulsèrent ainsi que tout le personnel du consulat (1).

En outre, dans les engagements entre les troupes grecques et les troupes ottomanes et dans les rencontres entre chrétiens et musulmans, ils favorisèrent ces derniers. A maintes reprises et même lorsque l'attaque venait du côté des musulmans, les amiraux ouvrirent le feu sur les chrétiens. Lorsque les violences des musulmans étaient par trop graves, ils se contentaient de protester auprès des autorités musulmanes. Cette partialité souleva l'opinion publique en Europe et surtout en Grèce.

2° La Grèce. — Le colonel Vassos n'eut pas de peine à mettre en déroute les troupes musulmanes et il se trouva en peu de temps en possession de tout l'intérieur de l'Ile. Mais là encore il se heurta à l'autorité des amiraux. Comme il approchait de la Canée, ceux-ci lui firent défense de bombarder les villes occupées par les troupes internationales. Devant ces intimations le Gouvernement grec envoya au colonel Vassos des instructions afin d'éviter tout conflit avec les troupes européennes. En fait d'ailleurs aucun conflit de ce genre ne se produisit, car désormais le colonel Vassos ne songea plus qu'à

(1) Streit, *loc. cit.*, p. 37.

s'assurer la possession de l'intérieur de l'Ile. Une fois maître de toute cette partie de l'Ile, il lança une nouvelle proclamation d'occupation de la Crète au nom du roi Georges, à l'exception des points occupés par les Puissances.

3° LA PORTE. — Les autorités musulmanes, en dépit de tous ces événements, continuaient de fonctionner en Crète. Bérovitch-Pacha, nous l'avons vu, s'était enfui dès que la situation avait pris une tournure tragique. Le Sultan songea à le remplacer, mais A. Carathéodory-Pacha, de même que Photiadès-Bey refusèrent le poste de Gouverneur Général, que leur offrait le Sultan. Le mouchavir Ismail-Bey continua les fonctions de Gouverneur Général qu'il avait prises après le départ de Bérovitch-Pacha.

De ces trois Gouvernements en présence en Crète, le moins influent était certainement celui des Puissances, concentré dans les trois grandes villes. Les amiraux avaient tout fait pour s'aliéner les chrétiens ; malgré leur partialité pour les musulmans, ils ne surent jamais leur inspirer confiance. Toute l'influence, en réalité, restait à la Porte, malgré les apparences. Ismail-bey était en effet un homme habile, et, quoique sous la surveillance des amiraux à la Canée, il se savait influent sur les musulmans à qui il donnait des ordres secrètement et qui lui obéissaient passivement ; il put ainsi, sans rien laisser paraître, entraver bien des projets des Puissances.

L'Ile étant ainsi occupée militairement par les Puissances, le conflit se trouvait enrayé, mais la solution n'en était pas résolue. Un tel état de choses ne pouvait durer bien longtemps, il fallait trouver une solution. Or, trois solutions se présentaient aux Puissances :

1° *Rétablir l'autorité de la Turquie.* — C'était la solution en conformité avec le principe de l'intégrité de l'Empire ottoman. Mais pratiquement elle était impossible. L'expérience avait montré en effet, en maintes circonstances, et tout récemment à la suite du Règlement du 25 août 1896, combien il fallait peu compter sur les promesses de la Porte. En outre, tous les torts dans cette insurrection incombaient à la Turquie, dont la mauvaise foi avait été bien évidente ; on ne pouvait donc accabler les Crétois, il fallait au contraire leur accorder les réformes qui leur avaient été promises. D'ailleurs, les Crétois n'eussent pas consenti à cette solution ; il aurait fallu éteindre longuement l'insurrection et tout sans doute eût été à recommencer dix ou vingt ans plus tard.

2° *Donner la Crète à la Grèce.* — L'opinion publique en Europe était tout à fait favorable à cette solution. Toutes les sympathies allaient aux Crétois, qui n'avaient jamais cessé de combattre pour leur indépendance et de réclamer cette union. Sans doute la Grèce avait fait une faute en cette circonstance, mais on considérait généralement que la responsabilité première revenait aux Puissances qui, par leur manque d'énergie, n'avaient pas su faire aboutir les réformes promises et empêcher les massacres. En tous cas, il ne fallait pas que les Crétois en souffrissent et l'on s'accordait à reconnaître qu'il serait juste de les consulter. « Si l'on veut savoir quels sont les sentiments des Crétois, écrivait M. de Kérohant dans *le Soleil*, on n'a qu'à les faire voter. Ils diront s'ils veulent rester sous la domination turque, être indépendants ou s'unir à la Grèce » (février 1897). En Angleterre, la presse s'insurge également contre l'idée d'une action contre la

Grèce ; de même en Italie. En Autriche, on retrouve aussi cette sympathie de l'opinion publique pour les Crétois. « Pour arrêter la gangrène qui ronge la Turquie, disait la *Wiener Tageblatt*, il ne reste plus, en fin de compte, qu'à l'amputer de la Crète et cela le plus tôt possible. » En Russie, l'opinion est très hésitante et, sans être hostile aux Crétois, elle montre cependant beaucoup de froideur à leur égard ; on se méfie beaucoup de la sympathie exagérée de l'Angleterre pour les Crétois. Enfin en Allemagne l'opinion publique est franchement hostile *à la Crète ;* on y est surtout ennemi de l'annexion ; comme en Russie, on se méfie de l'Angleterre dont on va jusqu'à soupçonner une entente avec la Grèce ; un rapprochement se fait avec la Russie.

Mais si l'opinion publique en Europe était presque unanimement favorable aux Crétois et aux Grecs et demandait l'annexion, les Gouvernements au contraire, ayant d'autres considérations en vue, avaient des idées tout à fait opposées. Ce que l'on désirait avant tout était que la paix générale ne fût pas troublée, or l'annexion de l'Ile à la Grèce faisait craindre des troubles dans les Balkans. Nous avons déjà vu plus haut les inquiétudes de l'Autriche à ce sujet. M. Hanotaux, dans son discours à la Chambre, du 22 février 1897, reproduisait les mêmes appréhensions : « On ouvrirait ainsi, dit-il, un gouffre d'hostilités vers lequel non seulement les peuples rivaux des Balkans, mais d'autres aussi, et plus éloignés, se trouveraient peut être invinciblement entraînés. » Les mêmes craintes sont exprimées par les divers Gouvernements devant les Chambres (1). Aussi pour cette raison les

(1) Discours de M. Visconti-Venosta au Parlement italien, de M. de Mars-

Chambres, plus prudentes et raisonnables, sanction-
nèrent la politique de leurs Gouvernements.

Outre ces craintes d'une conflagration générale, on
donnait encore d'autres raisons contre l'annexion. On
invoquait d'abord le principe de l'intégrité de l'Empire
ottoman; mais cette raison ne pouvait se soutenir sérieusement, on l'avait maintes fois foulée aux pieds, et notamment encore dans le traité de Berlin. On prétendait enfin
que les musulmans crétois ne se soumettraient pas à un
tel régime. Pourquoi pas? N'y avait-il pas des musulmans
en Thessalie lors de son annexion, et ne se sont-ils pas
soumis? Pourquoi n'en serait-il pas de même en Crète où
les mulsumans sont de même origine que les chrétiens
et parlent couramment la langue grecque? Que l'on sup-
prime l'influence de la Porte qui excitait continuellement
les musulmans contre les chrétiens et l'on verra certainement la bonne entente régner bientôt entre eux.

3° *Autonomie de la Crète.* — Les deux précédentes
solutions étant écartées, il ne restait évidemment plus
qu'à doter l'Ile d'un régime autonome. Ce fut l'Angleterre
qui la première émit cette idée; cela cadrait bien avec
ses vues sur la Crète. Etant données les raisons que nous
venons d'étudier, cette solution devait être rapidement
adoptée dans son principe. Elle n'était pas cependant sans
présenter de graves inconvénients. D'abord le principe de
l'autonomie une fois posé, il restait à régler les questions
de détails, et nous verrons par la suite quelles difficultés
se produisirent et quels tiraillements eurent lieu entre les
Puissances. En outre, au point de vue des Crétois eux-

CHALL au Reichstag et de M. BALFOUR au Parlement anglais (*Temps* des
24 février et 11 avril 1897).

mêmes, est-ce bien là un régime destiné à ramener le calme dans l'Ile? Abandonneront-ils tout d'un coup leurs espérances d'annexion à la Grèce? Et puis n'ont-ils pas joui déjà d'une autonomie relative à la suite de la Convention de Halépa? Nous avons vu combien un tel régime avait été funeste et combien les luttes parlementaires qui avaient aussitôt éclaté avaient amené de désordres dans l'administration de l'Ile. Enfin, même au point de vue de la paix générale, cette solution de l'autonomie n'est pas meilleure, comme le dit très justement M. de Chaudordy: « Faire de la Crète un état minuscule et indépendant « serait l'exposer aux plus dangereuses convoitises. « L'Angleterre pourrait s'y créer un établissement et « fortifier encore sa position dans la Méditerranée. Sous « le premier prétexte venu, elle s'installerait dans une « rade à sa convenance et joindrait une nouvelle station à « celles qu'elle possède déjà.... Il ne faut pas imposer à « la Crète *la solution bâtarde de l'autonomie* (1). »

L'Ile se trouvait donc occupée par la Turquie, par les troupes grecques et par les troupes internationales. L'œuvre des Puissances allait commencer pour trouver une solution. L'Allemagne et la Russie, nous l'avons vu, soutenaient le Sultan. La France, tout en désirant continuer les traditions séculaires de sa politique en Orient, était obligée de suivre la Russie par suite de l'alliance franco-russe. L'Italie, portée vers la Crète par la similitude de son sort avec les péripéties récentes de la création de son indépendance, se trouve entraînée, comme l'Autriche, dans le sillage de la Triplice, gouvernée par l'Al-

____

(1) De Chaudordy, la France et la question d'Orient.

lemagne. Enfin l'Angleterre est ballottée entre l'opinion publique du pays, favorable aux Crétois, et le désir du Gouvernement de maintenir l'intégrité de l'Empire ottoman et de ne pas rompre le concert européen.

M. Hanotaux, interrogé par la Russie sur les dispositions du Gouvernement français, répond en insistant sur la nécessité d'un accord entre les Puissances; d'après lui, pour ramener le calme en Crète, il faudrait obtenir de la Porte et de la Grèce la promesse de ne pas envoyer de troupes dans l'Ile. On réglerait alors la question sur le même plan que l'on avait déjà tenté, mais « en prenant les précautions nécessaires pour ne pas en laisser le fonctionnement et la réalisation à la merci des agitateurs du dehors (1) ». Pour l'Allemagne au contraire « l'heure des tergiversations est passée » ; il faut employer des moyens énergiques; le baron de Marschall est d'avis d'empêcher tout acte agressif de la part de la Grèce, et il insiste pour que l'on interprète l'expression « acte agressif » « ..... dans sa plus large acception, l'étendant à tout ce qui pourrait encourager la résistance des insurgés », et il ajoute que toute solution de l'incident crétois comporte pour le cabinet de Berlin « l'exclusion de l'annexion de l'Ile à la Grèce et le maintien absolu du principe de l'intégrité de l'Empire ottoman (2) ». Sur cette proposition de l'exclusion de l'annexion à la Grèce, les Puissances tombent aussitôt d'accord.

L'Allemagne, toujours désireuse d'employer les moyens violents, propose que « les Puissances qui ont des navires dans les eaux crétoises les envoient sans délai bloquer

(1) Liv. jaune cit., p. 32, n° 65.
(2) Liv. jaune, p. 51, n° 98.

le Pirée et les côtes de la Grèce. Nous avons empêché, dit-elle, la Turquie d'envoyer des troupes en Crète, ce serait une félonie de notre part de laisser les Grecs la lui prendre » (14 février) (1). Elle réclamait ainsi le blocus de la Grèce par mesure de réciprocité, d'égalité, pour l'empêcher d'envoyer des troupes en Crète. Nous verrons plus loin, lors du conflit gréco-turc, ces idées d'égalité disparaître et les Puissances, par une injustice flagrante, maintenir le blocus de la Crète.

La Russie adopte la proposition allemande ; l'Autriche veut bien y adhérer, mais à condition que toutes les Puissances l'acceptent. L'Italie est très hésitante, craignant, en refusant la proposition, de s'attirer des reproches de l'Allemagne, et en l'adoptant, de heurter « le sentiment d'une partie de la nation italienne (2) ». La France est également bien hésitante, balancée entre son ancienne politique philhellénique et son alliance avec la Russie. L'Angleterre, en refusant catégoriquement la proposition allemande, vint tirer toutes ces Puissances de leurs hésitations ; elle trouvait en effet cette proposition « une mesure de coercition si rigoureuse qu'une partie de l'opinion publique n'accepterait pas sans résistance (3) ». Lord Salisbury n'était pas partisan des moyens violents il recommandait, au contraire, la modération ; il faut, disait-il, « rassurer les Hellènes et leur faire comprendre, qu'en aucun cas la Crète ne retombera sous le régime de la soumission pure et simple à l'autorité de la Turquie (4) ». Peut-être était-il dans le vrai et, dans l'état

(1) Liv. jaune cit., p. 59, n° 112.
(2) Liv. jaune, p. 78, n° 151.
(3) Liv. jaune, p. 69, n° 133.
(4) Liv. jaune, p. 73, n° 139.

de surexcitation où se trouvait l'opinion publique en Grèce, un langage modéré eût peut-être produit plus d'effet que les menaces, et le conflit gréco-turc aurait pu être évité.

La France, l'Italie et l'Autriche saisissent l'occasion offerte par l'Angleterre pour abandonner leurs hésitations et se rendent à son avis. La Russie, reconnaissant qu'il n'y a aucune chance d'aboutir à une entente en employant les moyens violents, se décide, bien qu'à regret, à les abandonner. Le comte Mouravieff propose une action collective auprès du Cabinet d'Athènes pour qu'il retire ses troupes et ses navires de Crète (1). L'Allemagne consent également à abandonner son projet, mais à condition qu'avant de s'occuper des réformes en Crète on mettra fin à « l'action agressive de la Grèce », sinon on créerait un précédent dangereux (2). Enfin, après bien des hésitations, on se met d'accord et, après bien des modifications, le 2 mars, une Note est remise à la Grèce, ainsi conçue (3) :

« 1° La Crète ne pourra en aucun cas, dans les conjonctures présentes, être annexée à la Grèce ;

« 2° Vu les retards apportés par la Turquie dans l'application des réformes arrêtées de concert avec elle et qui n'en permettent pas l'adaptation à un état de choses transformé, les Puissances sont résolues, tout en maintenant l'intégrité de l'Empire ottoman, à doter la Crète d'un régime autonome absolument effectif destiné à lui assurer un Gouvernement séparé sous la *haute suzeraineté* de la Porte ». (C'est la première fois que l'on subs-

(1) Liv. jaune cit., p. 71, n° 135.
(2) Liv. jaune, p. 86, n° 167.
(3) Liv. jaune, p. 120, n° 222.

titue le mot « suzeraineté » à « souveraineté », en parlant de la Crète).

« La réalisation de ces vues ne saurait, dans la conviction des Cabinets, s'obtenir que par le retrait des navires et des troupes grecs qui sont actuellement dans les eaux ou sur le territoire de l'Ile occupé par les Puissances. Aussi attendons-nous avec confiance cette détermination de la sagesse du Gouvernement de Sa Majesté qui ne voudra pas persister dans une voie contraire à la résolution des Puissances décidées à poursuivre un prompt apaisement aussi indispensable à la Crète qu'au maintien de la paix générale.

« Je ne dissimulerai pas à Votre Excellence que mes instructions me prescrivent de vous prévenir qu'en cas de refus du Gouvernement royal les Grandes Puissances sont irrévocablement décidées à ne reculer devant aucun moyen de contrainte si, à l'expiration d'un délai de six jours, le rappel des navires et troupes grecs de la Crète n'était effectué. »

Cette Note contenait, on le voit, dans son dernier paragraphe, une menace pour le cas où la Grèce ne se soumettrait point. C'était une erreur de la part des Puissances ; des conseils de modération eussent été préférables. Dans le premier projet de Note soumis par la Russie, le dernier paragraphe contenait à l'adresse de la Grèce un véritable « ultimatum » de retirer ses troupes et ses navires. M. Hanotaux, suivant les conseils de lord Salisbury, crut préférable « de substituer le terme de *sommation* à « celui d'ultimatum (1) ». La Note, on le voit, ne contenait même pas le mot de « sommation ».

(1) Liv. jaune cit., p. 115, n° 211.

Deux jours après la remise de cette Note à la Grèce, une autre Note collective était remise à la Porte (4 mars), déclarant que « l'Ile serait dotée d'un régime autonome sous la *suzeraineté* du Sultan » et l'invitant, en vue d'assurer l'autonomie crétoise, à retirer progressivement ses troupes de Crète (1). La Porte répond, le 6 mars, qu'elle « accepte le principe d'une autonomie sous la *souveraineté* du Sultan, en se réservant la faculté de s'entendre avec les ambassadeurs sur la forme et les détails du régime dont l'Ile serait dotée (2) ». Il est à remarquer que le Sultan répond en parlant de sa « souveraineté » au lieu de « suzeraineté » que contenait la Note des Puissances. Le mot de suzeraineté était ainsi employé pour la première fois au sujet de la Crète, il est bien probable que c'est sciemment si, dans sa réponse. le Sultan substitue le mot « souveraineté », qui implique un lien plus étroit de sujet à souverain, alors que la suzeraineté n'implique qu'un lien plus lâche de vassalité.

Mais ce n'était pas tout que d'avoir demandé à la Grèce de retirer ses troupes et ses navires, il fallait s'attendre à un refus et, en cas de refus, que devrait-on décider? Le comte Mouravieff propose de : « 1°... procéder immédiatement, à l'expiration du terme assigné, au blocus du Pirée et des autres ports grecs ; 2°... empêcher toute tentative de ravitaillement et maintenir l'ordre sur les points occupés par les Puissances (3). » Ce n'était, en somme, que la reproduction de la proposition de l'Allemagne ; ce projet avait donc peu de chances d'aboutir.

(1) Liv. jaune cit., p. 128, n° 237.
(2) Liv. jaune, p. 142, n° 268.
(3) Liv. jaune, p. 125, n° 230.

En effet, sur la proposition de M. Hanotaux, les Puissances s'entendent pour s'en remettre aux décisions des amiraux qui sont mieux en situation de décider. Mais ceux-ci proposent précisément (5 mars) le blocus de l'île de Crète, du Pirée et des principaux ports grecs.

Les Puissances cependant étaient convaincues que la Grèce céderait. Aussi, grand fut leur émoi et leur embarras, lorsque le Gouvernement grec fit connaître sa réponse (8 mars) (1). Dans cette réponse il critique le régime d'autonomie dont les essais jusqu'ici ont donné peu de bons résultats ; il demande l'annexion de l'Ile et, sans se refuser catégoriquement au retrait de ses troupes et de ses navires, il dit qu'à la rigueur il pourrait décider le rappel des navires, mais que, quant aux troupes, il ne le fera pas, car « notre devoir, dit-il, nous impose de ne pas abandonner le peuple crétois ». Il termine enfin en faisant appel « aux sentiments généreux qui animent les Grandes Puissances, en les priant de permettre au peuple crétois de se prononcer comment il désire être gouverné ».

Cette réponse était une critique de la conduite des Puissances et un refus. Qu'allaient faire les Puissances devant cette attitude de la Grèce ? La Russie y voit un refus catégorique et demande l'application immédiate des mesures proposées par les amiraux (2). L'Angleterre au contraire y voit une demi-satisfaction donnée aux Puissances ; elle s'oppose à ces mesures et demande d'employer les troupes grecques en Crète comme forces de police, en mettant à leur tête des officiers européens (3).

(1) Liv. jaune cit., p., 146, n° 275.
(2) Liv. jaune, p. 158, n° 293.
(3) Liv. jaune, p. 156, n° 291.

M. Hanotaux est partisan de l'exécution du programme des amiraux par gradation, en commençant par le blocus de la Crète, puis des ports grecs (1). On parle aussi d'envoi de troupes internationales en Crète ; l'Allemagne et l'Autriche refusent d'y prendre part. La Russie propose même l'occupation d' l'Ile par un corps franco-italien de 10 à 12.000 hommes. M. Hanotaux s'y refuse, avec raison d'ailleurs, préférant une occupation à quatre, qui présenterait un « caractère collectif et européen (2). » On ne peut s'entendre ; on se contente de décider l'envoi de nouveaux contingents internationaux pour occuper l'Ile et paralyser les troupes grecques, malgré l'opposition de l'Allemagne et de l'Autriche, qui refusent d'y prendre part. On décide également de proclamer l'autonomie de l'Ile et de procéder au blocus des côtes de Crète.

Le 20 mars, les amiraux proclament « l'autonomie complète de l'Ile sous la *suzeraineté* du Sultan... Les Puissances préparent d'un commun accord un ensemble de mesures destinées à régler le fonctionnement du nouveau régime (3) ». En même temps, ils décident le blocus de la Crète à partir du 9/21 mars à 8 heures du matin. Ce blocus est notifié « à la Turquie et aux Puissances neutres (4) ». Cette expression de « Puissances neutres » est tout à fait impropre ; il n'y avait pas état de guerre, donc pas de neutres ni de belligérants ; il n'y avait que des Puissances *tierces*. Voici quelles étaient les conditions de ce blocus : «Le blocus sera général pour tous les navires sous pavillon grec. Les navires des au-

---

(1) Liv. jaune cit., p. 163, n° 303.
(2) Liv. jaune, p. 186, n° 337.
(3) Liv. jaune, p. 213, n° 386.
(4) Liv. jaune, p. 204, n° 368.

tres Puissances pourront venir dans les ports occupés par les Puissances et y débarquer leurs marchandises si elles ne sont destinées ni aux troupes grecques, ni à l'intérieur de l'Ile. Ces navires pourront être visités par les bâtiments de la flotte internationale (1) ». La Russie proposa encore le blocus de Volo et des ports grecs, mais l'Angleterre s'y refusa. On se contenta de renforcer encore les contingents internationaux (sauf l'Allemagne et l'Autriche) et l'on maintint le blocus de la Crète.

On pouvait croire la question résolue et, de fait, on devait espérer que la Grèce se soumettrait et se déciderait à retirer ses troupes, et qu'ainsi les Crétois se seraient rapidement soumis. Dans cette espérance, les Puissances s'inquiètent de l'établissement du nouveau régime en Crète ; les ambassadeurs établissent même les bases de l'autonomie crétoise (9 avril) (2), et la Porte se déclare prête à entrer en pourparlers avec les Puissances pour en arrêter les détails (17 avril) (3). Mais tous ces efforts devaient être inutiles ; le Gouvernement grec, entraîné par l'opinion publique, refuse de retirer ses troupes de Thessalie, envahit la Macédoine et s'engage dans une guerre folle contre la Turquie (18 avril). La solution de la question crétoise se trouvait remise à la fin du conflit gréco-turc.

Que devint la Crète pendant cette guerre ? Dès le lendemain de la déclaration de guerre, la Russie résume ainsi quelle doit être la politique des Puissances : « stricte abstention sur le continent jusqu'à ce qu'une médiation

(1) Liv. jaune cit., p. 207, n° 374.
(2) Liv. jaune, p. 374, n° 510 (voir ces dispositions en entier).
(3) Liv. jaune cit., p. 290, n° 545.

soit demandée par les belligérants, et le maintien de la Crète *en dépôt* entre les mains des Puissances (1). » En même temps qu'elle déclarait la guerre, la Porte, par un iradé du Sultan, prononçait l'expulsion, dans un délai de 15 jours, de tous les sujets grecs résidant sur le territoire ottoman. Elle voulut étendre cette mesure à la Crète et un ordre dans ce sens fut affiché par Ismaïl-bey ; mais les amiraux, obéissant aux instructions qu'ils avaient reçues de leurs Gouvernements, s'opposèrent à cette expulsion « en raison de la situation spéciale du pays (2) ».

Quant au blocus de l'Ile, il semble bien que la ligne de conduite dictée par la Russie en impliquait le maintien. Et de fait c'est ce qui fut décidé. L'Allemagne se rangea de suite à la proposition de la Russie, comme l'Autriche et l'Italie. M. Hanotaux était aussi partisan du maintien du blocus ; pressenti par la Russie sur ses intentions, il répondait dès le 15 avril : « Actuellement, la Crète est en quelque sorte un gage entre les mains des Puissances ; ..... l'abandon de la Crète nous semblerait présenter en ce moment de graves inconvénients (3). » Et peu après il ajoutait dans le même sens : « La Crète doit être considérée comme territoire neutre; les Puissances, maintenant le blocus strict, empêcheront tout débarquement de troupes belligérantes et continueront leurs efforts pour l'organisation définitive de la Crète (4). » L'Angleterre seule fit quelques difficultés ; elle avait des scrupules et se demandait « si le maintien des navires et des soldats des Puissances en Crète était compatible avec les règles

(1) Liv. jaune cit., p. 293, n° 552.
(2) Liv. jaune, n°s 580, 591, 603, 610 et 635.
(3) Liv. jaune, p. 288, n° 539.
(4) Liv. jaune, p. 301, n° 569.

qu'impose aux neutres le droit international (1). » L'opinion publique, en Angleterre, comme en France et dans presque toute l'Europe, désirait la levée du blocus. M. Gladstone ne cessa de protester contre son maintien. Les États-Unis refusèrent d'ailleurs de reconnaître le blocus de l'Ile.

Devant l'unanimité des Puissances, et désireuse de se maintenir dans le concert européen, l'Angleterre se soumit. Ainsi, sous prétexte de ne pas retarder la solution de la question crétoise, on déclarait la Crète territoire neutre, et l'occupation ainsi que le blocus continuèrent malgré les protestations de la Grèce, qui demandait aux Puissances de ne pas gêner l'action de ses troupes.

Que doit-on penser de cette mesure? En pratique, il n'est pas douteux qu'elle fût bonne. Si l'on avait évacué l'Ile, la Grèce n'aurait pas eu de peine à s'en emparer ; mais, étant vaincue et obligée de demander la paix, c'eût été complètement inutile, elle aurait dû en effet évacuer l'Ile, le Sultan y serait rentré en maître et sans doute peu disposé à octroyer des réformes ; tout eût donc été à recommencer. Mais en théorie, en droit strict, cette mesure fut tout à fait injuste et contraire aux règles de la neutralité en droit international, comme le faisait timidement observer M. Cambon : « Les Puissances, disait-il, ne peuvent bloquer les côtes de l'un des États belligérants sans sortir de la neutralité (2). » Sans doute les Puissances occupaient l'Ile bien avant la déclaration de guerre, mais dès le commencement des hostilités, elles devaient se retirer. Il est certain en effet que, par cette

(1) *Gazette de Lausanne* (22 avril 1897).
(2) Liv. jaune cit., p. 274, n⁰ 510.

mesure et malgré leur qualité de neutres dans le conflit gréco-turc, elles ont entravé l'action des troupes grecques sur un territoire ottoman ; elles ont donc, de ce fait, favorisé la Turquie dont elles sont devenues ainsi les alliées, elles se sont donné là tout à la fois la qualité d'alliées et celle de neutres.

L'Europe a créé, dans ces circonstances, un droit des gens spécial, fait pour les besoins de la cause. Il ne suffit pas en effet d'une simple déclaration faite au début d'une guerre pour rendre *neutre* un territoire ennemi ; la déclaration de neutralité d'un territoire ne peut avoir lieu qu'en vertu d'une convention : or, dans les circonstances présentes, aucune des deux parties intéressées ne fut consultée ; la Grèce même, dont on lésait les droits, ne cessa de protester, mais on passa outre. De plus les Puissances imaginèrent de toutes pièces le « dépôt » de la Crète entre leurs mains. Or jamais la Turquie n'avait déclaré donner la Crète en dépôt aux Puissances ; jamais elle n'avait demandé l'envoi de navires dans les eaux crétoises ; jamais elle n'avait reconnu aux Puissances le droit de proclamer l'autonomie de l'Ile ; lorsque cette autonomie eut été déclarée par les Puissances sans la consulter, on lui en fit la notification, elle avait alors, nous l'avons vu, simplement déclaré « en accepter le principe, en se réservant d'en discuter plus tard les détails », il n'avait été nullement parlé de la mise en dépôt de la Crète entre les mains des Puissances. Le maintien de l'Ile en dépôt n'était donc que le maintien d'un état de fait établi arbitrairement par les Puissances, elles ont commis là une ingérence autoritaire sans l'assentiment des parties intéressées. On ne saurait donc trop répéter qu'il y a là l'introduction d'un droit des gens spécial qui pourrait devenir dangereux plus tard, la mise en pratique de règles contraires aux principes du droit international public. C'est ce qui prouve qu'en droit international le juste et l'utile se contredisent parfois. Les Puissances ont-elles eu tort ? En droit, oui ; en pratique, non.

Le blocus des côtes de Crète fut donc maintenu pendant toute la durée du conflit gréco-turc. Dès le commencement cependant, et d'un commun accord, les Puissances décidèrent, dans un but humanitaire, de l'atténuer en laissant pénétrer dans l'Ile les denrées alimentaires.

Dès qu'il fut question d'une médiation entre la Grèce et la Turquie (mai 1897), les Puissances, entraînées par l'Allemagne, exigèrent : l'évacuation de l'Ile par les troupes grecques et la reconnaissance de l'autonomie crétoise par le Gouvernement grec (1). L'Allemagne déclarait ne pas vouloir s'associer à une démarche auprès du Cabinet d'Athènes si l'on n'exigeait pas ces deux conditions. Devant cette insistance, les autres Puissances se soumettent et une démarche dans ce sens est faite à Athènes. C'était en somme demander au Gouvernement Grec de condamner lui-même sa conduite d'avant la guerre. Néanmoins il se soumet, et par une Note du 8 mai il s'engage à retirer ses troupes de Crète « dans un court délai ».

Cette Note paraissait suffisante aux Puissances, seule l'Allemagne ne fut pas de cet avis. Elle exige que la Grèce s'engage : « par un acte préalable et formel : 1° à évacuer la Crète ; — 2° à en reconnaître l'autonomie telle que l'entendent les Puissances (2), » disant, avec raison

(1) Liv. jaune cit., p. 348, n° 658.
(2) Liv. jaune, p. 356, n° 676.

peut-être, qu'une fois un armistice obtenu la Grèce remettrait en cause la question crétoise. Malgré les observations des Puissances, l'Allemagne refuse d'abandonner ses exigences. Enfin, sollicité par les Puissances, le Gouvernement grec, dans une Note du 10 mai, renouvelle la promesse d'évacuer la Crète et déclare « prendre acte de la déclaration des Grandes Puissances du 2 mars, d'après laquelle elles sont résolues à doter la Crète d'un régime autonome absolument effectif...... et prendre l'engagement de reconnaître ledit régime (1) ». L'Allemagne adhéra aussitôt à la proposition de médiation, et, sur l'initiative de la Russie, les Puissances tombèrent d'accord pour la cessation du blocus de la Crète.

La Russie avait été assez hostile à cette reconnaissance formelle de l'autonomie crétoise par la Grèce; le comte Mouravieff, dans une conversation avec le chargé d'affaires de Grèce à Saint-Pétersbourg, lui déclarait qu'il jugeait cette reconnaissance tout à fait inutile puisque, « le sort de l'Ile dépendant des Grandes Puissances, la Grèce n'avait pas à se prononcer à ce sujet ». Cette idée était tout à fait juste, la Russie dut céder cependant devant l'insistance de l'Allemagne. Pourquoi le Gouvernement allemand, qui était hostile à la Grèce, mettait-il autant d'insistance pour exiger « par un acte formel » la reconnaissance de l'autonomie crétoise? Cette attitude ne peut s'expliquer que par le désir de lier la Grèce par cet « acte formel » et de l'empêcher ainsi, par la suite, de réclamer l'annexion de la Crète (2).

La médiation des Puissances se poursuivit et aboutit

(1) Liv. jaune, p. 359, n° 081.
(2) Kar Teria, la Question de Crète, p. 11.

au traité de paix gréco-turc du 6/18 septembre 1897. Ce qui est curieux dans ce traité, c'est que nulle part il n'y est fait allusion à la Crète qui avait été la cause première du conflit. En somme, la guerre gréco-turque, loin d'avoir fourni la solution de la question crétoise, n'avait fait que la retarder. La Grèce s'en trouvait désormais formellement écartée; elle aurait donc mieux fait de se soumettre de suite à la note du 2 mars 1897, plutôt que de se lancer dans cette guerre folle d'où elle sortait abaissée et ruinée. Les Crétois accusèrent les Grecs de les avoir abandonnés; ils tournèrent dès lors toutes leurs espérances du côté des Puissances, attendant d'elles l'organisation d'une large autonomie.

CHAPITRE III

Tentatives d'établissement d'un Gouvernement autonome en Crète par les Puissances (mai 1897 novembre 1898). — Retrait de l'Allemagne et de l'Autriche (mars 1898). — Création d'un Comité exécutif (mai-juin). — Massacres des soldats anglais et des chrétiens à Candie (6 septembre). — Evacuation de l'Ile par les troupes et autorités ottomanes (novembre). — Nomination du prince Georges de Grèce comme Haut-Commissaire des Puissances (novembre).

Le conflit gréco-turc était terminé, la Grèce avait été formellement écartée du règlement de la question crétoise, l'annexion de l'Ile avait été définitivement rejetée, la Turquie avait accepté le principe de l'autonomie, il ne restait donc plus aux Puissances, en mai 1897, qu'à organiser cette autonomie. C'est alors que commencèrent vraiment les difficultés ; alors apparut dans toute son imperfection ce qu'on est convenu d'appeler le concert européen. Sur les moindres détails des discussions sans fin surgirent, des tiraillements se produisirent. On était bien d'accord pour donner à l'Ile un régime autonome, mais pour la mise en pratique de cette autonomie, des difficultés surgissent de tous côtés. Il s'agit en effet de concilier : 1° les vues des Puissances qui concordent rarement ; — 2° les vues du Sultan, qui n'a qu'un désir : donner à la Crète l'autonomie la moins large possible ; — 3° les vues des Crétois, qui espèrent, au contraire, une large autonomie.

Les Puissances, de six qu'elles étaient au début, se trouvèrent réduites à quatre, par suite de la retraite de l'Allemagne et de l'Autriche; mais l'accord ne put davantage se produire. En décembre 1898, c'est-à-dire au bout d'une année et demie, les Puissances n'avaient encore rien fait; elles reconnaissent l'inutilité de leurs efforts pour élaborer une Constitution crétoise et décident l'envoi du prince Georges en Crète pour doter l'Ile d'une Constitution autonome. C'est l'étude de toutes les tentatives faites pour arriver à l'élaboration d'un règlement crétois que nous allons entreprendre dans ce chapitre. Quoique tous les projets présentés n'aient reçu aucune application, cette étude n'est pas inutile ; elle est d'abord un précieux enseignement sur la façon dont chacune des Puissances envisageait l'autonomie de l'Ile ; en outre, dans les divers projets conçus alors, on retrouve les bases de la Constitution crétoise telle qu'elle fut élaborée dans la suite par le prince Georges.

Les troupes grecques ayant abandonné la Crète, la France propose (26 mai 1897) de fixer les bases de l'autonomie crétoise et soumet à l'approbation des Puissances les six points suivants (1) :

1° Désignation, dans le plus bref délai, par les Puissances d'un Gouverneur provisoire civil, appartenant à un Etat neutre.

(1) Livre Jaune sur la Crète (mai-décembre 1897) p. 1, n° 1.

2° Proclamation de l'autonomie et de la neutralisation de l'Ile.

3° Constitution de ressources financières par la garantie des Puissances donnée à un emprunt d'au moins six millions de francs suivant les besoins.

4° Recrutement d'une gendarmerie forte et autant que possible homogène, par voie d'enrôlements volontaires notamment en Suisse.

5° Rappel des troupes ottomanes ou tout au moins leur concentration sur un certain nombre de points de l'Ile.

6° Réunion, aussi prompte que les circonstances le permettront, d'une assemblée crétoise qui se mettrait en relation avec le nouveau gouverneur.

En attendant l'application de ces mesures, la France propose de remettre le Gouvernement provisoire au Conseil des amiraux.

La Russie approuve sans restriction ces propositions. L'Angleterre présente des observations; lord Salisbury veut des modifications dans l'ordre des paragraphes, demandant à mettre en tête le paragraphe 2°. Ensuite au sujet du paragraphe 1°, il critique le choix du Gouverneur exclusivement parmi un État neutre. « Il ne sera pas facile, dit-il, de découvrir un personnage qui, par son expérience, ses aptitudes et l'autorité des services passés, soit en état d'entreprendre cette tâche ; et nous craignons que la catégorie de personnes qui est la plus capable ne décline une position qui sera ardue et peut-être sans récompense. » En outre, il critique le choix d'un civil, il préférerait un militaire, qui « serait plus facile à trouver et plus compétent pour les devoirs de son poste ». Enfin à propos du paragraphe 5°, il conseille d'attendre, pour la convocation de l'Assemblée, l'exécution des autres mesures, car « la forme précise dans laquelle l'Assemblée devrait être convoquée doit dépendre à tel point des vœux des habitants eux-mêmes que, jusqu'à ce qu'on ait eu plus de temps et d'occasions de connaître ce que sont ces vœux, il paraîtrait sage de s'abstenir d'entrer en discussion sur ce point ». Il est enfin peu disposé à laisser entrer l'amiral anglais dans le Conseil des amiraux institué comme Gouvernement provisoire (1).

L'Italie approuve (31 mai) la proposition française, elle demande seulement d'établir la garantie des Puissances, « non pas sur le service même de la dette à créer, mais sur l'affectation à ce service de certaines branches du revenu (1) ». L'Autriche accepte, mais, comme l'Angleterre, elle critique la restriction du choix d'un Gouverneur à un État neutre ; elle voudrait en outre que la gendarmerie, sauf certains officiers, soit recrutée parmi les Crétois par le Gouverneur provisoire (2).

Cet aperçu des discussions provoquées par la proposition française nous donne une idée des difficultés avec lesquelles les Puissances allaient se trouver aux prises, puisque sur ces six points seulement elles ne pouvaient se mettre d'accord. Sur ces observations, la France renouvela le 9 juin sa première proposition avec les modifications suivantes (3) :

1° Ce paragraphe reproduit le § 2 du projet du 26 mai, auquel on ajoute ceci : « neutralisation de l'Ile *qui continue à faire partie de l'Empire ottoman.* »

2° Désignation à très brève échéance par les Puissances d'un Gouverneur appartenant *autant que possible* à un Etat neutre. »

3° Mise à l'étude immédiate d'un système d'affectations de certains revenus de l'Ile de Crète au service d'un emprunt de 6 mil-

(1) Liv. jaune cit., pp. 5 et 7, nos 5 et 8.
(2) Liv. jaune cit., p. 6, no 5.
(3) Liv. jaune, p. 7, no 8.

lions de francs, étant entendu que les Puissances s'emploieront collectivement à faire en sorte que les revenus en question ne soient pas détournés de cette affectation spéciale.

4° Constitution d'une gendarmerie composée, dans une proportion à déterminer, d'éléments étrangers, aussi homogènes que possible, et d'éléments crétois ;

5° Concentration des troupes turques sur un certain nombre de points de l'île (on ne parle plus de leur rappel).

6° Aucune modification à la situation actuelle en ce qui concerne les amiraux.

La Russie et l'Italie envoient aussitôt leur entière approbation à ces nouvelles propositions; l'Allemagne et l'Autriche sont plus hésitantes, mais elles finissent par envoyer leurs adhésions. Lord Salisbury se déclare prêt à accepter ces six points et croit qu'une entente peut se faire à condition que l'on interprète ces propositions « comme destinées à définir la politique commune que les Puissances ont en vue, et non comme devant leur imposer aucune obligation » (11 juin) (1). Il ajoute que rien de sérieux ne pourra être fait tant que le traité de paix n'aura pas été conclu entre la Grèce et la Turquie (2). Cette interprétation du Gouvernement anglais est singulière ; une entente en effet n'est possible qu'autant que les Puissances se considèrent engagées. Si des modifications aux points établis surviennent par la suite, l'accord ne se fera que difficilement. L'entente complète, on le voit, était encore loin d'exister.

Pendant ce temps, les amiraux, pour rétablir le calme en Crète, en poursuivant les auteurs des méfaits qui se

(1) Liv. jaune cit., p. 11, n° 15.
(2) Liv. jaune, p. 12, n° 23.

commettent journellement, instituent une « *Commission militaire internationale de police* » par ordonnance du 31 août 1897 (1). Prenant prétexte de l'accord survenu entre les Puissances et le Sultan pour placer l'Ile sous la protection desdites Puissances, et du mandat qui leur a été confié par leurs Gouvernements de rétablir l'ordre dans l'Ile, attendu, disent-ils, que les tribunaux crétois ont cessé de fonctionner depuis les derniers troubles et qu'il est impossible de procéder à une réorganisation même provisoire de ces tribunaux, ils décrètent la constitution d'une Commission militaire internationale ainsi composée : lieutenant-colonel français, lieutenant de vaisseau russe, lieutenant de vaisseau allemand, lieutenant italien, lieutenant anglais et sous-lieutenant austro-hongrois.

L'article 2 de l'ordonnance décide que cette Commission jugera sans appel sur la base du Code militaire italien tous les faits se référant contre la sécurité publique ainsi que les offenses de toute nature au préjudice des officiers et soldats internationaux de terre et de mer et du personnel de la gendarmerie internationale, qui se commettraient tant par les indigènes sujets de Sa Majesté Impériale le Sultan, que par les administrés étrangers dans le territoire occupé par les grandes Puissances. Cet article donnait donc à la Commission le droit de punir les crimes et délits commis, dans le territoire occupé, par les indigènes ; l'article 3 maintenait les tribunaux consulaires, conformément aux prescriptions des Capitulations, pour les crimes ou délits commis par des étrangers. Enfin

(1) Liv. jaune cit., p. 16, n° 25.

par l'article 4, les amiraux se réservaient le droit de créer des Commissions similaires dans d'autres villes en appliquant le Code militaire de la nation occupante.

L'institution de cette Commission fut une mesure très sage ; grâce à elle le calme et la sécurité revinrent dans l'Ile, cette commission fonctionna d'ailleurs jusqu'au rétablissement des tribunaux par le prince Georges. Sa compétence, qui ne s'étendait primitivement qu'au district de la Canée, fut bientôt étendue à toute l'Ile.

Devant l'hésitation des Puissances, la Porte élabore à son tour un projet de réformes qu'elle leur soumet (10 octobre). En voici les points essentiels (1) :

1° Constitution d'une force armée, en majorité ottomane, placée sous les ordres d'un Pacha étranger, et qui parcourrait l'Ile pour désarmer la population ;

2° Application du régime dont l'Ile sera dotée sur les bases des six conditions précédemment posées, par les soins d'un fonctionnaire civil agissant de concert avec les consuls étrangers ;

3° Organisation de la gendarmerie et de la police ;

4° Installation de garnisons ottomanes sur divers points.

5° Nomination par la Porte d'un Gouverneur Général chrétien.

Il est à remarquer que la Porte dit bien que le Gouverneur sera chrétien, mais elle omet de dire s'il sera sujet ottoman ou étranger. Munir-bey, interrogé sur ce point, ne répondit pas ; l'omission était donc bien intentionnelle. En outre ce projet n'avait aucune chance de réussir, l'application de l'article premier notamment aurait eu pour effet immédiat le soulèvement de l'Ile et la répression

(1) Liv. jaune cit., p. 21, n° 31.

sanglante de ce soulèvement par cette force armée. L'Italie, qui pressait la France de reprendre ces anciennes propositions, repousse vivement celles de la Turquie qu'elle trouve « incompatibles avec l'autonomie dont l'Europe voulait doter la Crète, autonomie dont le nom ne figure même pas dans la circulaire (1) ». La Russie est également d'avis qu'il n'y a pas d'hésitation possible entre les propositions françaises et turques et, sur son initiative, les Puissances tombent d'accord pour exclure l'ingérence de la Porte dans le règlement de la question crétoise. « Quelque légitimes, disait-on, que puissent être les soucis du Gouvernement ottoman quant au sort des musulmans crétois, il ne saurait lui appartenir d'assumer une initiative quelconque relative aux mesures à prendre à cet effet, cette tâche incombant en entier aux Puissances qui ont pris la Crète sous leur protection et lui ont garanti une autonomie complète (2). »

Ainsi, non contentes de s'immiscer dans les affaires intérieures de l'Empire ottoman, les Puissances décident d'en exclure la Porte. Sans doute celle-ci était de mauvaise foi et ses propositions du 10 octobre montraient bien son hostilité à l'égard de l'autonomie de la Crète; mais il n'y avait pas lieu de l'exclure de l'organisation de cette province, dont le Sultan était le souverain. Tout au plus pouvait-on, comme on l'avait fait déjà, élaborer de concert avec lui un projet de Constitution et, en cas de refus, le mettre en demeure de le ratifier.

Le 28 octobre, la Russie, constatant que « les Grandes Puissances sont tombées d'accord sur l'adoption des

(1) Liv. jaune cit., p. 24, n° 38.
(2) Liv. jaune, p. 21, n° 32.

propositions françaises comme point de départ d'une
entente relative à l'organisation future de l'Ile », propose
« de charger les représentants à Constantinople de
procéder sans retard et d'un commun accord à la fixation des bases de cette organisation (1) ». L'accord ne
se fait pas facilement; enfin au bout d'un mois (20 novembre), toutes les Puissances ont envoyé leur adhésion
aux propositions russes, et les ambassadeurs à Constantinople reçoivent des instructions à cet effet.

Ceux-ci, mieux à même de comprendre la nécessité
d'une prompte solution, arrivent rapidement à un accord
et, dès le 18 décembre, ils soumettent à leurs Gouvernements un projet de règlement provisoire et un projet des
bases du statut organique. Toutes les Puissances y adhèrent (26, 27 et 28 décembre). Voici ces deux projets (2) :

PROJET DE RÈGLEMENT PROVISOIRE DE LA CRÈTE ADOPTÉ PAR LES
REPRÉSENTANTS DES GRANDES PUISSANCES A CONSTANTINOPLE DANS LA
RÉUNION DU 18 DÉCEMBRE 1897

Art. 1. — Le Gouverneur est chef du pouvoir exécutif dans l'Ile
en vertu d'une délégation des Grandes Puissances.

Art. 2. — Le Gouverneur communiquera avec les Grandes Puissances par l'intermédiaire de leurs représentants à Constantinople.

Art. 3. — Il y aura auprès du Gouverneur un Conseil composé
des délégués des commandants en chef des contingents internationaux. Le Gouverneur convoquera ce Conseil quand il aura besoin
des forces internationales.

Art. 4. — Le Gouverneur aura près de lui pour l'administration
quatre conseillers étrangers choisis par lui.

Art. 5. — Le Gouverneur est autorisé à contracter un emprunt
de six millions garanti par un prélèvement sur le revenu des douanes
prélevé sous le contrôle des consuls des Puissances.

(1) Liv. jaune cit., p. 27, n° 44.
(2) Liv. jaune, p. 49.

Art. 6. — Au moyen de cet emprunt le Gouverneur organisera notamment une force comprenant un fort élément étranger, pour le maintien de l'ordre.

Art. 7. — Le Gouverneur devra pacifier l'Ile et préparer l'établissement définitif de l'autonomie.

Art. 8. — Une Commission composée du Gouverneur et de délégués des ambassadeurs préparera le statut organique définitif, suivant les bases énoncées plus loin et sur les instructions des ambassadeurs à Constantinople.

Art. 9. — Tous les trois mois le Gouverneur enverra à Constantinople un rapport sur l'organisation administrative de l'Ile. Il justifiera en outre aux consuls de l'emploi des fonds de l'emprunt.

Dans ce projet, on le voit, il n'est pas fait allusion au Sultan, dont le nom n'était même pas prononcé. Les Puissances mettaient donc à exécution leur projet d'exclure l'ingérence de la Porte dans le règlement de la question crétoise.

BASES DU STATUT ORGANIQUE DE CRÈTE.

I. — L'île de Crète, déclarée neutre, jouira d'un Gouvernement autonome, tout en continuant à faire partie de l'Empire ottoman.

II. — Le pouvoir exécutif sera exercé par un Gouverneur Général nommé pour cinq ans par le Sultan avec l'assentiment des Puissances.

III. — Le pouvoir législatif sera exercé par une Assemblée nationale élue et constituée de manière à garantir la représentation et les intérêts de la minorité musulmane. Les lois deviendront exécutoires par la sanction du Gouverneur Général.

IV. — Les impôts directs et indirects appartiennent à l'Ile. Une redevance annelle sera payée au Sultan.

V. — Le Gouverneur Général disposera des troupes de l'Ile. Les troupes turques, concentrées en certains points, seront réduites à mesure que des garanties auront été données aux musulmans et reconnues effectives par les Puissances.

VI. — Les garanties à donner aux musulmans comprendront :

1° La réintégration des musulmans de l'Ile dans leurs biens.

2° L'adoption à leur égard de mesures de protection contre les violences.

3° Des dispositions de nature à assurer, de la part de tous les services publics, l'impartialité nécessaire à la sauvegarde des biens et des droits de tous les Crétois.

Nous arrivons ainsi à l'année 1898. Rien, nous l'avons vu, n'avait encore été fait en Crète. On s'était bien entendu sur un projet de règlement provisoire et l'on avait établi les bases du statut organique ; mais ce n'étaient que des mesures provisoires ; pourquoi retarder ainsi la solution de la question, pourquoi n'avoir pas fait élaborer par les ambassadeurs à Constantinople une Constitution définitive ? Rien en effet n'était résolu par ce règlement provisoire et la plus grosse difficulté restait en suspens : la nomination d'un Gouverneur Général en Crète.

Plusieurs noms furent mis en avant, chaque Puissance avait son candidat ; l'entente était donc presque impossible à établir. La « ligue internationale de la paix et de la liberté », réunie à Berne au commencement de 1898, avait proposé de régler cette question par une sorte d'arbitrage. « Les ambassadeurs des Puissances, réunis à Constantinople ou à Athènes, ou plutôt dans une ville neutre, éliraient au scrutin le Gouverneur de la Crète. Si le scrutin, après plusieurs tours, ne donnait pas de résultats, le choix du Gouverneur serait laissé à un tribunal arbitral composé du Roi des Belges, du Président de la Confédération helvétique et du Grand-Duc de Luxembourg. Ces arbitres pourraient à leur tour nommer un sur-arbitre (1). » L'Italie reprit d'ailleurs

(1) *Revue bleue*, 19 février 1898. Politique extérieure, par H. Depasse.

cette idée peu après, en proposant de faire nommer le Gouverneur par les ambassadeurs à Constantinople. Mais cette proposition fut abandonnée ; la Russie en effet (26 janvier 1898) venait de proposer aux Puissances la candidature du prince Georges, comme Gouverneur Général sous la suzeraineté du Sultan. La France, l'Angleterre et l'Italie adhèrent à cette proposition ; seules l'Allemagne et l'Autriche s'y opposent, craignant des troubles dans les Balkans. Le comte Goluchowski déclare, le 28 janvier, que l'Autriche et l'Allemagne s'opposeront toujours à cette candidature qui ferait de l'annexion de la Crète à la Grèce « une question de temps (1) ». Il demande que l'on renonce momentanément à la nomination d'un Gouverneur définitif et que l'on nomme un Gouverneur provisoire choisi par les Puissances (2). A cela la Russie fait très justement remarquer que le choix d'un Gouverneur provisoire est aussi difficile que celui d'un Gouverneur définitif.

Sur ces entrefaites, l'Allemagne, persuaduée que la question crétoise ne recevra jamais de solution, retire son contingent et son cuirassé de Crète (15 mars), et, sans pour cela vouloir rompre le concert européen, déclare que, « n'ayant pas d'intérêts directs dans la Méditerranée, elle se désintéressait purement et simplement de la question crétoise et que les autres Puissances avaient pleine et entière liberté de la régler au mieux, *si elles croyaient pouvoir le faire* (3) ». Ainsi l'Allemagne se retire et laisse les Puissances libres d'agir,

---

(1) Liv. jaune sur la Crète (janvier-octobre 1898), p. 2, n° 2.
(2) Liv. jaune cit., p. 4, n° 4.
(3) Liv. jaune cit., p. 11, n° 8.

tout en émettant un doute ironique sur la possibilité de
trouver une solution. L'Autriche, entraînée par l'Allemagne, retire aussi son contingent (23 mars) et fait
une déclaration analogue à celle de l'Allemagne, insistant sur le désaccord qui règne parmi les Puissances :
« *Dans l'état d'enrayement* où se trouve la question crétoise, le Cabinet de Vienne a dû envisager les responsabilités que lui ferait encourir la situation actuelle...
la candidature du prince Georges ayant surgi et ne
paraissant pas devoir donner un accord en raison de l'attitude passive prise par certaines Puissances, il ne croyait
pas pouvoir rester dans une telle situation... » ; mais,
comme le Gouvernement allemand, il ne veut pas rompre
le concert européen et déclare adhérer d'avance à toute
solution « qui assurerait l'autonomie de la Crète sous la
condition que cette combinaison ne portât pas atteinte
au statu quo pacifique en Orient (1) ».

Comment expliquer l'attitude de ces Puissances ? L'Autriche, nous venons de le voir, était entraînée par l'Allemagne ; quant à celle-ci, son attitude dans ces circonstances n'était en somme que la conséquence de toute
sa ligne de conduite depuis 1897. Elle s'était montrée
nettement hostile à la Grèce pendant le conflit gréco-
turc. En outre, elle avait été toujours hostile à l'occupation de la Crète par les troupes internationales et ce
n'avait été que contrainte et forcée qu'elle avait envoyé
des troupes et des navires, ou plutôt un seul cuirassé.
Malgré ces forces dérisoires, elle préconisait cependant
les mesures violentes (blocus), tâchant ainsi de faire

(1) Liv. jaune cit., p. 15, nº 24.

accomplir la besogne par les autres. Lorsque les amiraux demandèrent des renforts, ceux de l'Allemagne n'arrivaient pas, et finalement le Gouvernement allemand déclara qu'il n'en enverrait point, n'ayant pas dans la question « un intérêt suffisant ». Par la suite il retira même quelques troupes et n'avait plus que 10 matelots et un officier pour la garde du drapeau lorsqu'il décida de se retirer complètement.

Cette modération était certainement intéressée ; l'Allemagne par sa conduite avait toujours favorisé la Turquie ; l'occupation internationale était surtout gênante pour elle ; or le Gouvernement allemand mettait tout en œuvre pour ménager la Porte et augmenter son influence à Constantinople. Son commerce avec l'Orient prenait chaque jour plus d'importance ; elle se faisait donner des concessions en Asie Mineure, Guillaume II préparait déjà son voyage à Constantinople et en Palestine. Dans ces conditions, par le retrait de ses troupes de Crète, elle donnait une preuve de sympathie au Sultan et trouverait bien le moyen d'en retirer profit un jour ou l'autre.

Devant le recul de l'Allemagne et de l'Autriche, il semble que rien ne s'opposât désormais à la nomination du prince Georges comme Gouverneur. La Russie en effet propose de maintenir sa candidature en principe, mais elle demande qu'on ajourne sa nomination au poste de Gouverneur, proposant même de laisser de côté, pour le moment, cette question du Gouverneur. Pourquoi ajourner ainsi la solution ? C'est que l'accord au fond n'existait pas ; en principe, les Puissances ne s'opposaient pas à cette candidature, mais elles ne manifestaient aucun enthousiasme pour cette nomination et secrètement elles ne la désiraient nullement, chacune ayant son candidat qu'elle espérait voir arriver. En outre la Porte ne cessait de protester vivement contre ce choix qu'elle déclarait contraire au principe de l'intégrité de l'Empire ottoman (1). Elle s'efforçait d'ailleurs de susciter des difficultés aux Puissances. Peu auparavant (22 février), elle se plaignait de la lenteur apportée à la solution de la question crétoise, et, sans le dire franchement, elle laissait entendre qu'elle en attendait le règlement pour évacuer la Thessalie (2). Cette Note avait soulevé de vives protestations de la part des Puissances qui s'élevaient contre cette connexité de la question crétoise et de l'évacuation de la Thessalie.

La difficulté du choix d'un Gouverneur étant ajournée, il fallait cependant assurer à l'Ile un Gouvernement provisoire pour y introduire les bases du régime autonome élaboré par les ambassadeurs. La Russie propose pour cela de constituer les amiraux en Conseil administratif supérieur avec le concours des consuls (3). C'était à peu de chose près ce qu'avait proposé M. Hanotaux, le 26 mai 1897, proposition que l'Angleterre avait repoussée. Les Puissances cependant admettent en principe cette idée; mais ici encore les questions de détails allaient provoquer des désaccords. M. Hanotaux propose (4 avril) que « ce Conseil, soit sur sa propre initiative, soit avec le concours des consuls, recherche sur place tels organes auxquels pourraient être confiées l'administration de l'Ile et l'application graduelle des réformes élaborées.

(1) Liv. jaune cit., p. 13, n° 21.
(2) Liv. jaune, p. 6, n° 7.
(3) Liv. jaune, p. 13, n° 20.

On éviterait ainsi la création d'un Gouvernement provisoire quelconque, en élargissant simplement le cercle d'activité des amiraux dont le pouvoir est reconnu dans l'Ile... (1) ». La Russie et l'Italie adhèrent à cette proposition ; l'Angleterre n'y est pas opposée, mais elle en trouve la réalisation bien difficile (2). Des incidents en Crète semblent lui donner raison, des soldats turcs tirent sur un poste français qui ne doit son salut qu'au prompt secours des détachements internationaux (18 avril); lord Salisbury en profite pour insister sur la difficulté de l'administration de l'Ile par les amiraux qui, d'après lui, s'exposeraient ainsi « à un insuccès dont les suites pourraient être graves (3) ».

Ce projet est donc encore abandonné. Le 22 avril, lord Salisbury propose « de charger l'Assemblée crétoise de désigner une sorte de comité dont les fonctions seraient déterminées et d'ordre purement administratif et provisoire, qui serait chargé, sous la haute direction des amiraux, d'administrer les parties de l'Ile où sont établis les chrétiens, tandis que les amiraux, avec les forces dont ils disposent actuellement, administreraient les territoires habités par les Musulmans (3). Les attributions du Comité étaient bien vagues; quant à cette double autorité que l'on trouvait dans la proposition anglaise, elle existait presque en fait dans l'Ile. Elle était en effet occupée par les amiraux de la façon suivante : elle était divisée en cinq districts dont quatre étaient occupés chacun par les troupes d'une Puissance et le cinquième (la Sude

(1) Liv. jaune cit., p. 18, n° 3o.
(2) Liv. jaune, p. 21, n° 33.
(3) Liv. jaune, p. 26, n° 43.

et la Canée) par un contingent international. L'Angleterre voulait soumettre à l'autorité du Comité
toutes les parties de l'île comprises en dehors de ces
cinq districts.

Des discussions s'engagèrent encore sur la proposition
anglaise. M. Hanotaux est d'avis (1ᵉʳ mai) que le Comité,
« au lieu d'être nommé par l'Assemblée crétoise, soit dési-
gné par les amiraux dans le sein de l'Assemblée » ; il
est partisan, comme lord Salisbury, de la concentration
des troupes ottomanes sur certains points du territoire (1).
Le comte Mouravieff approuve complètement le projet
français ; l'Italie de même. Mais lord Salisbury fait des
objections, il insiste pour que le Comité soit élu par l'Assemblée crétoise, l'élection par les amiraux ne lui donnerait pas, à son avis, « une force suffisante pour imposer son
autorité aux populations chrétiennes (2). »

Il était difficile d'arriver à une entente : l'Angleterre
voulait donner le moins d'influence possible aux amiraux,
la Russie et l'Italie au contraire désiraient qu'on maintînt
leur autorité. M. Hanotaux présente, les 18 et 24 mai, deux
projets se complétant l'un l'autre et répondant aux desi-
derata des Puissances. Le Comité serait élu par l'Assemblée
crétoise, mais « il aurait un caractère provisoire, se tiendrait en contact avec les amiraux et serait immédiatement révocable par eux s'il venait à sortir de son
mandat (3) » ; en outre, les pouvoirs du Comité seraient
limités « aux territoires obéissant à l'Assemblée crétoise,

(1) Liv. jaune cit., p. 32, nᵒ 51.
(2) Liv. jaune, p. 38, nᵒ 58.
(3) Liv. jaune, p. 39, nᵒ 60.

tandis que les amiraux exerceraient leur autorité directement dans les régions occupées par les troupes européennes (1) ». La Russie et l'Italie adoptent cette
proposition ; l'Angleterre y adhère également ; mais, d'une
conversation entre M. Geoffray, notre ministre à Londres,
et lord Salisbury, il semble résulter que, dans l'esprit
de ce dernier, cette tentative « doit revêtir le caractère
d'un essai (2) ». En effet, cette administration mixte,
pour l'élaboration de laquelle les Puissances se sont donné tant de mal, ne peut être que provisoire ; ce n'est
donc pas une solution. Néanmoins les Puissances étaient
parvenues à se mettre d'accord sur ce point.

Il y eut deux autres points sur lesquels l'accord s'établit également. Ce fut d'abord celui des renforts. La
France demandait l'envoi de nouveaux contingents pour
donner plus d'autorité aux amiraux ; l'Angleterre, qui ne
voulait pas augmenter leur autorité, s'y opposait. Enfin
il fut décidé que l'on n'enverrait pas de renforts. —
C'était aussi la question financière, dont se préoccupait
beaucoup l'Angleterre. D'après l'article 5 du Règlement
provisoire élaboré par les ambassadeurs, le Gouverneur
Général devait être autorisé à contracter un emprunt de
6 millions, garanti par un prélèvement sur le revenu
des douanes, opéré sous le contrôle des consuls des
Puissances. M. Hanotaux, dans son projet du 4 avril, proposait que l'emprunt fût garanti par les Puissances ; lord
Salisbury répond (28 avril) qu'il est peu probable que le
Parlement anglais consente à accorder cette garantie (3).

(1) Liv. jaune cit., p. 41, nᵒ 64.
(2) Liv. jaune, p. 44, nᵒ 67.
(3) Liv. jaune, p. 29, nᵒ 48.

— 171 —

Devant cette objection, M. Hanotaux propose (1ᵉʳ mai)
la formation d'un syndicat international de banquiers,
qui avancerait les fonds, ayant pour garantie un prélèvement sur tout ou partie des impôts de Crète (1). L'accord
se fit dans ce sens.

Les Puissances s'étaient ainsi entendues sur les trois
points. Un texte de circulaire est rédigé en commun par la
France et la Russie, approuvé par l'Angleterre et l'Italie
et envoyé aux amiraux le 16 juin. Cette circulaire résume
les points sur lesquels l'accord s'était fait (2) :

1. Nomination par l'Assemblée d'un Comité provisoire en contact
permanent avec les amiraux, révocable par eux, dont les détails
d'organisation et de fonctionnement seront réglés par les amiraux
et l'Assemblée par l'entremise des consuls ; les pouvoirs du Comité
ne s'étendront pas à la partie de l'île occupée par les troupes européennes, qui restera soumise aux amiraux.

2. Constitution d'un syndicat international de banquiers dont les
avances seraient garanties par un prélèvement sur l'impôt de 3 ⁰⁄₀
sur les importations.

3. Des renforts ne seront pas envoyés pour le moment. Les amiraux mettront à la disposition du Comité les forces nécessaires.

4. Quant aux troupes ottomanes, les amiraux arrêteront un plan
de concentration.

Depuis longtemps déjà les Puissances étaient d'accord
sur ce quatrième point.

L'administration de la Crète était donc confiée provi-
visoirement à un Comité nommé par l'Assemblée et sous
la surveillance des amiraux.

Devait-on notifier cette circulaire à la Porte, que l'on
avait décidé d'exclure du règlement de la question cré-

(1) Liv. jaune cit., p. 32, nᵒ 51.
(2) Liv. jaune, p. 48, nᵒ 73.

toise ? La Russie désirait cette notification ; l'Angleterre
la jugeait « inopportune » ; la France demande que l'on
attende les observations des amiraux. En tous cas on
tombe d'accord pour en faire la notification officielle
aux Cabinets de Berlin et de Vienne. Pour la Porte, le
comte Mouravieff propose que, sans faire une notification,
on « lui en donne connaissance en substance (1) ». Lord
Salisbury consent qu'on lui fournisse « à titre non officiel
des indications sur le caractère général des instructions aux amiraux (2) ». Une Note dans ce sens est remise
au Sultan, le 5 juillet, par les premiers Drogmans des
quatre ambassades. Cette Note a le caractère non pas
d'une notification officielle, mais d'une simple informa-
tion : « sur l'invitation des amiraux, l'Assemblée crétoise
nommera un Comité exécutif (3). »

La Porte protesta contre cette circulaire, d'abord
auprès de l'Angleterre (7 juillet), puis auprès de la France :
« Il n'y a pas, dit-elle, d'Assemblée crétoise, celle que
l'on intitule ainsi n'est qu'une réunion d'insurgés...
Les gens qui seront chargés d'administrer l'Ile sont ceux-
là mêmes qui y ont compromis l'ordre et la tranquillité (4) ».

La Circulaire fut communiquée au bureau de l'Assemblée crétoise ; elle était accompagnée d'un projet de
fonctionnement et d'organisation du Comité sur les bases
suivantes (5) :

« Le Comité est élu par l'Assemblée ; il se composera

(1) Liv. jaune cit., p. 58, n° 86.
(2) Liv. jaune, p. 70, n° 102.
(3) Liv. jaune, p. 60, n° 91.
(4) Liv. jaune, pp. 72 et 74, n°ˢ 103 et 104.
(5) Liv. jaune, p. 70, n° 102.

du Président de l'Assemblée comme président et de cinq membres (un par province). En cas de partage, la voix du président sera prépondérante.

« Ce Comité élaborera des projets sur l'administration provisoire, projets qui seront approuvés par les consuls et sanctionnés par les amiraux ».

Cette circulaire fut accueillie très froidement. Le Président faisait remarquer fort justement : « nous vivions dans le provisoire et nous espérions arriver à une solution définitive... Ce n'est malheureusement qu'un nouveau provisoire qu'on nous offre, et les difficultés qui attendent l'Assemblée crétoise sont grandes (1) ». A Athènes la circulaire fut également l'objet de vives attaques. L'Assemblée crétoise déclara néanmoins dans sa séance du 28 juillet, qu'elle acceptait ce régime provisoire, en constatant toutefois qu'il avait bien peu de chances de succès. Ce que l'on critiquait surtout c'était « la multiplicité des autorités qu'il institue ou qu'il laisse subsister, autorités en partie mal définies, en partie hostiles les unes aux autres ; la séparation de l'intérieur du pays de ses centres commerciaux, industriels ou économiques ». Enfin, on réclamait instamment et le plus tôt possible le départ des troupes et autorités ottomanes (2). On procéda néanmoins à la nomination des membres du Comité exécutif.

Ce Comité une fois constitué se mit au travail et, avec la collaboration des quatre consuls, un règlement fut arrêté le 23 août. Ce règlement est très détaillé et très touffu, il s'occupe de toute l'administration de l'Ile dans

(1) Liv. jaune cit., p. 67, n° 102.
(2) Liv. jaune, p. 90, n° 132.

ses moindres détails, nous ne pouvons donc en donner qu'un bref résumé (1). Il faut remarquer seulement que dans cette multiplicité d'articles qu'il contient, il n'est pas fait une seule fois allusion au Sultan dont le nom n'est même pas prononcé.

RÈGLEMENT DU RÉGIME PROVISOIRE EN CRÈTE ÉLABORÉ PAR LE COMITÉ ÉXÉCUTIF ET LA COMMISSION DES 4 CONSULS (23 AOUT 1898)

CHAPITRE I. — *Comité exécutif.*

Art. 1er. — Le Gouvernement provisoire est exercé par le Comité exécutif élu par l'Assemblée, excepté dans les parties de l'Ile comprises dans l'intérieur des cordons militaires.

Art. 2. — Le Gouverneur communiquera avec les Grandes Puissances par l'intermédiaire de leurs représentants à Constantinople.

Art. 3. — Le Comité exécutif est révocable par les amiraux.

Art. 4. — En cas de révocation ou de démission du Comité, le Président continue de gérer les affaires et convoque l'Assemblée dans un délai de vingt jours pour la nomination du nouveau Comité.

Art. 5. — Le Comité se compose du Président de l'assemblée et et de cinq membres (un par province).

Art. 6. — En même temps que les membres du Comité, l'Assemblée nomme un suppléant pour chacun d'eux.

Art. 7 — Toute délibération du Comité n'est pas valable, s'il n'y a au moins quatre membres présents dont le Président.

Art. 8. — En cas de mort, démission ou absence prolongée du Président, il est remplacé par l'un des vice-présidents de l'Assemblée, nommé par l'Assemblée et agréé par les amiraux. En cas d'absence momentanée, il désigne son remplaçant parmi les membres du Comité, avec l'agrément des amiraux.

Art. 9. — En cas de mort, démission ou absence prolongée d'un membre, il est remplacé par son suppléant avec notification aux amiraux.

Art. 10. — Aucun membre ne peut s'absenter sans autorisation du Président.

Art. 11. — Outre ses attributions, le Comité peut élaborer des

(1) Liv. jaune cit., pp. 105 et suiv. (Voir en entier).

lois et règlements provisoires approuvés par les amiraux et rendus
exécutoires par ordonnance du Président de l'Assemblée.

Art. 12. — Le Comité nommera les fonctionnaires avec approbation des amiraux.

Art. 13. — Le Comité est divisé en cinq Sections ou Directions
(Intérieur, Justice, Finances, Sûreté publique, Culte et Instruction
publique).

Art. 14 à 24. — Détails sur les ressorts de ces Directions et leur
fonctionnement.

CHAPITRE II. — Administration.

L'Île reste divisée comme par le passé en cinq provinces, vingt districts et en communes ; les chefs-lieux restent les mêmes (art. 25 à 28).

La province est administrée par un Administrateur Général, ayant
un secrétaire, agent du pouvoir central et représentant du Comité
exécutif. Il a tous les pouvoirs d'administration dans sa province
et dans le district du chef-lieu de sa province (art. 29 à 53).

Le district est administré par un Administrateur (sous-préfet),
ayant un secrétaire et remplissant dans son district les mêmes fonctions que l'Administrateur Général dans sa province, mais sous la
surveillance et le contrôle de ce dernier. Deux districts peuvent être
administrés par un même Administrateur (art. 54 à 62).

Pour l'administration des Communes, jusqu'à l'élection des autorités municipales, il est nommé par le Comité exécutif un Commissaire par commune ou groupement de communes d'au moins 2.000
habitants. Ce Commissaire, sous la surveillance de l'Administrateur
a des attributions administratives et judiciaires (amendes jusqu'à
10 fr. sans appel et 40 fr. avec appel) (art. 63 à 76). Ses fonctions
consistent surtout à veiller au respect de la propriété et ressem-
blent un peu à celles d'un garde-champêtre.

CHAPITRE III. — Contentieux administratif.

Les litiges administratifs sont soumis à un tribunal administratif
résidant au chef-lieu de chaque province et composé de trois membres : un juge au tribunal civil, le secrétaire de la préfecture et le
juge de paix du chef-lieu de la province.

Au siège du Comité exécutif, il y a une Cour supérieure de contentieux administratif composée de : un conseiller à la Cour d'appel et
des secrétaires des directions de l'Intérieur et de la Justice. Les
séances sont publiques (art. 77 à 84).

RÈGLEMENT JUDICIAIRE

Des tribunaux de paix (1 juge et son suppléant) sont installés dans chaque district. Ils jugent en dernier ressort jusqu'à 100 francs en or et avec appel de 100 à 600 francs en or (art. 88 à 92).

Il y a cinq tribunaux de première instance (quatre juges dont un Président et deux suppléants). Le tribunal composé de trois juges dont un Président est compétent : 1° au civil, pour tous les appels des tribunaux de paix et pour toutes les actions qui ne dépendent ni du contentieux administratif, ni du contentieux ecclésiastique; — 2° en matière pénale, pour les appels de simple police (plus de 3 jours de prison et 15 fr. d'amende) et pour tous les délits correctionnels (art. 93 à 97).

Il y a une Cour d'appel composée d'un Président et de quatre conseillers (art. 98 à 100).

Le droit de grâce est réservé au Conseil des amiraux (art. 87).

Détails sur les juges d'instruction et la Chambre du Conseil (art. 101 à 110).

Un Conseil de justice, composé du Président à la Cour d'appel, du Procureur Général et de deux conseillers à la Cour nommés chaque année par leurs collègues, sert de conseil de discipline pour les magistrats et proposent les personnes réunissant les conditions d'âge (25 ans), d'aptitudes (licencié en droit) et de moralité nécessaires pour exercer les fonctions de magistrats (art. 111 à 120).

RÈGLEMENT DE LA GENDARMERIE

Elle est recrutée par voie d'engagements volontaires et composée d'indigènes et d'éléments étrangers. Le Commandant supérieur et les commandants de province seront Européens ; les autres officiers et sous-officiers seront européens et indigènes. Le Chef de la gendarmerie est nommé par le Comité exécutif avec l'agrément des amiraux. Les autres officiers sont nommés par le Comité sur la proposition du Commandant, et les sous-officiers sont nommés par le Commandant (art. 121 à 151).

La gendarmerie doit veiller à la tranquillité et à la sûreté publique. Détails sur les fonctions des gendarmes (art. 152 à 161).

Détails sur le recrutement des officiers et de la troupe (art. 162 à 188).

Une des conditions premières pour rétablir le calme

dans l'Ile et procéder à l'application de ce Règlement, c'était d'obtenir le départ des troupes turques. Les amiraux n'avaient cessé de réclamer ce départ (1) ; la Circulaire du 16 juin avait décidé la concentration de ces troupes suivant un plan qui serait dressé par les amiraux. Ce point surtout blessait la Porte ; pour elle, en effet, le seul moyen de conserver son influence dans l'Ile était d'y maintenir ses troupes. La moitié des soldats turcs en Crète ayant terminé leur service et devant partir, elle demanda la formation d'une Commission d'officiers européens pour constater qu'elle ne ferait rentrer dans l'Ile qu'un nombre de soldats égal à celui qui en serait sorti (juillet) (2). Les amiraux n'eurent garde de profiter d'une telle occasion et déclarèrent qu'ils ne permettraient jamais la rentrée d'un seul soldat turc en Crète et de fait ils s'opposèrent à un débarquement. Les Puissances alors se mettent également d'accord pour s'opposer à toute tentative de ce genre et, sur la proposition de la Russie, elles s'entendent pour envoyer à la Porte une Note à ce sujet. On demande même à l'Allemagne et à l'Autriche de se joindre aux Puissances pour l'envoi de cette Note ; mais elles refusent (26 juillet et 13 août), prétextant de leur désintéressement à l'égard de la question crétoise depuis qu'elles se sont retirées du concert européen. De ce fait l'envoi de la Note fut ajourné, mais le débarquement des troupes turques ne put avoir lieu devant l'opposition des amiraux.

Telle était la situation de l'Ile à la fin d'août 1898. L'effectif des troupes ottomanes se trouvait réduit de

(1) Liv. jaune cit., p. 63, n° 96.
(2) Liv. jaune, p. 77, n° 110.

moitié et ces troupes étaient concentrées sur deux ou trois points. Le Gouvernement se trouvait entre les mains des amiraux et du Comité exécutif. Un règlement venait d'être élaboré pour l'administration de l'Ile. Mais tout cela n'était que provisoire. Il y avait plus d'une année que le conflit gréco-turc était terminé et que les Puissances cherchaient à doter l'Ile d'un régime autonome ; rien de définitif n'avait pu encore être fait, elles n'étaient arrivées péniblement qu'à constituer ce régime provisoire bien imparfait. « Nous vivions dans le provisoire et nous espérions arriver à une solution définitive..., » disaient les Crétois ; leurs espérances avaient été cruellement déçues, car rien ne faisait prévoir cette solution définitive.

Il fallut une circonstance imprévue pour donner plus d'activité à l'action des Puissances et la faire aboutir à cette solution définitive tant désirée. Cette circonstance naquit d'une question financière. Les ressources financières de la Crète étaient très faibles ; sur la demande des amiraux, les Puissances étaient tombées d'accord pour les autoriser à prélever sur les recettes de surtaxes de l'Ile les fonds nécessaires à l'établissement du Gouvernement provisoire (15 juillet) (1). Mais, devant l'insuffisance de ces produits de surtaxes, les amiraux avaient demandé (29 juillet) de prendre en main la gestion et la perception des dîmes crétoises aux lieu et place des agents de la Porte (2). Les Puissances tombent d'accord pour leur donner cette autorisation et confient à leurs représentants à Constantinople le soin de régler les

(1) Liv. jaune cit., p. 78, n° 111.
(2) Liv. jaune, pp. 92 et 97, nos 134 et 145.

détails de l'application de cette mesure (1). Le **23** août l'autorisation est envoyée aux amiraux de percevoir les dîmes.

Les amiraux devaient prendre en main cette perception, le 3 septembre. La Porte avait manifesté une vive opposition contre cette mesure et le Gouverneur Général n'avait cessé de protester. A Candie principalement, le Gouverneur Edhem-Pacha était très hostile à cette mesure ; lorsqu'il fallut, le 6 septembre, installer le nouveau bureau de l'Administration des Dîmes, l'installation des employés dut se faire de force par les soldats anglais. Les musulmans résistèrent, cernèrent les Anglais qu'ils massacrèrent, puis, après avoir brûlé le Vice-Consul britannique dans sa maison, ils se répandirent dans les quartiers chrétiens, égorgeant tous ceux qu'ils rencontraient et mettant le feu partout. Le soir, 500 chrétiens environ avaient été massacrés, un officier et 13 soldats anglais tués, 2 officiers et 10 soldats blessés.

A cette nouvelle, l'exaspération fut grande en Angleterre ; sur les instructions de son Gouvernement, l'amiral Noël fait sommation au Gouverneur de Candie (2) :

1e « De désarmer tous les Ottomans et de livrer dans les 48 heures les auteurs des massacres.

2o « De démolir dans les 24 heures les maisons faisant face aux baraquements anglais.

3° « De prendre des mesures pour empêcher, de la part des musulmans, tout acte d'hostilité contre les troupes anglaises.

4° « De faire occuper certains postes déterminés en

(1) Liv. jaune, cit., p. 96, n° 143.
(2) Liv. jaune, p. 148, n° 181.

dehors de la ville par les troupes turques qui seconde-
ront les Anglais en cas de besoin ».

Devant cette attitude énergique, le Gouverneur de
Candie cède et donne satisfaction à l'amiral anglais.

Ces événements de Candie prouvaient bien nettement
que jamais la pacification de l'Ile ne pourrait être obtenue
si les autorités et les troupes ottomanes y étaient mainte-
nues, et que toute solution définitive n'avait chance d'a-
boutir qu'après leur départ. Les amiraux demandent
leur rappel et réclament l'envoi de renforts. Les Puissances tombent d'accord sur l'envoi de renforts qui sont aussitôt expédiés en Crète (10 septembre). Malgré les protestations de la Porte qui essaie d'atténuer les événements de
Candie, l'Italie propose (15 septembre) que l'on exige le
rappel des troupes et des autorités ottomanes, laissant aux
quatre Puissances le soin de maintenir le calme en Crète et
de garantir les propriétés des musulmans. Elle demande
également que l'on obtienne pour cette démarche le concours de l'Allemagne et de l'Autriche (1). Ces deux Puissances répondent aussitôt qu'elles ne se départiront pas
de l'attitude de réserve qu'elles ont prise dans la question crétoise (2). La France et la Russie adhèrent à la
proposition italienne ; lord Salisbury demande de supprimer la garantie de la propriété musulmane, à laquelle,
dit-il, on ne peut, « dans l'état actuel, assurer une protection efficace (3) ». L'Italie consent à modifier sa proposition dans le sens indiqué par lord Salisbury et la renouvelle ainsi modifiée, en demandant qu'un délai de quinze

(1) Liv. jaune cit., pp. 149 et 150, nos 183 et 184.
(2) Liv. jaune, p. 156, n° 196.
(3) Liv. jaune, p. 154, n° 192.

jours seulement soit donné à la Porte pour l'évacuation
de l'Ile (21 septembre). En même temps, les chrétiens
déclarent aux consuls qu'ils remettront leurs armes dès
le départ des troupes turques, et les amiraux réclament ce
départ dans un bref délai, s'engageant, « sans le concours
des troupes, à protéger les musulmans (1) ».

La proposition italienne est adoptée et des ordres sont
donnés aux ambassadeurs à Constantinople pour faire les
démarches nécessaires auprès de la Porte (23 septembre).
Ceux-ci remettent à leurs Gouvernements un projet d'ultimatum élaboré par eux en commun (26 septembre) (2).
Les Puissances approuvent complètement ce projet ;
l'Angleterre et la Russie insistent pour qu'on en fasse la
remise à la Porte le plus tôt possible et qu'on exige d'elle
une réponse catégorique, sans discussion (3). L'accord
s'étant fait, cet ultimatum est remis à la Porte, le
5 octobre. Après un préambule exposant la situation et
expliquant comment les Puissances ont été amenées à
considérer la présence des troupes turques comme une
cause d'agitation, l'ultimatum est ainsi conçu (4) :

« Les Représentants des Puissances ont reçu l'ordre
d'inviter la Sublime Porte à rappeler dans le délai d'un
« mois toutes les troupes qui tiennent garnison en Crète,
l'évacuation devant commencer quinze jours après la
remise de la présente Note (cette dernière phrase n'existait pas dans le projet du 26 septembre, elle fut ajoutée
sur les observations de la Russie).

(1) Liv. jaune cit., p. 167, n° 215.
(2) Liv. jaune, p. 168, n° 219.
(3) Liv. jaune, p. 173, n° 224.
(4) Liv. jaune cit., pp. 168 et 177, n°s 219 et 235.

« Dès qu'elles auront quitté l'Ile, les 4 Gouvernements s'empresseront de confirmer leurs déclarations antérieures relatives à la garantie des droits souverains de S. M. le Sultan. Ils prendront en outre toutes les dispositions propres à assurer à la population musulmane sa sécurité et la sauvegarde de ses intérêts.

« Dans le cas où les 4 Puissances éprouveraient un refus, elles se verraient dans l'obligation de recourir immédiatement à des mesures décisives pour faire évacuer la Crète par les troupes turques. Elles laisseraient au Gouvernement Impérial ottoman la responsabilité de cette solution et, dégagées de toute obligation morale quant à la souveraineté ottomane sur la Crète, elles aviseraient à constituer dans cette Ile un régime approprié aux vœux de la majorité de la population.

« Une adhésion sans réserve à cette demande devra être adressée dans un délai de 8 jours. » (Ce dernier paragraphe n'existait pas dans le projet des ambassadeurs, ce fut sur l'insistance de l'Angleterre et de la Russie qu'on l'ajouta).

Que comptaient faire les Puissances en cas de refus de la Porte ? Pour éviter les discussions, on tomba d'accord pour s'en remettre aux amiraux qui se concerteraient entre eux sur les mesures à prendre. La Porte, sans répondre directement à l'ultimatum, laisse entendre qu'elle consentirait à l'évacuation si on lui laissait quelques petites garnisons à la Canée, Candie, Réthymo « comme emblème de la souveraineté ottomane (1) » ; elle

____

(1) Liv. jaune cit., p. 181, n⁰ 242.

espérait ainsi conserver un motif d'intervention en Crète ; sous prétexte d'entretenir ces petites garnisons, elle aurait eu dans l'Ile une véritable force armée. Mais de leur côté les Puissances lui font savoir qu'elles veulent absolument une adhésion sans réserve ; qu'elle commence d'abord par retirer ses troupes, on cherchera alors « le moyen de donner satisfaction au désir du Sultan de voir subsister dans cette Ile un signe apparent de ses droits (1) ».

Le 10 octobre, la Porte répond à l'ultimatum ; après des considérations sur les droits souverains du Sultan et des protestations de bon vouloir, elle annonce qu'elle a « dès à présent donné les ordres nécessaires pour qu'il soit procédé, dans le délai indiqué dans la Note précitée, au retrait des troupes impériales se trouvant dans l'Ile, *en laissant dans les forts (villes fortifiées) un contingent* suffisant destiné à la sauvegarde de ses droits souverains et de son pavillon.... (2) ». Ce n'était pas là l'acceptation sans réserve exigée et ce contingent, laissé dans les forts sans fixation de limites, serait devenu évidemment le prétexte d'envois continuels de troupes. Les Puissances le virent bien d'ailleurs et firent remettre par leurs représentants le 14 octobre une Note de protestation (2) :

« .... En faisant connaître son intention de laisser des garnisons dans les villes fortifiées, le Gouvernement ottoman formule une réserve des plus importantes que les 4 Puissances ne sauraient accepter.

« Les ambassadeurs de France, de Grande-Bretagne, d'Italie et de Russie prient la Sublime Porte de vouloir

(1) Liv. jaune cit., p. 185, n° 249.
(2) Liv. jaune, p. 191, n° 257.

bien leur notifier dans le plus bref délai son adhésion pure et simple à leur demande du 4 octobre.

« Leurs Gouvernements ne se refuseront pas à rechercher ensuite les moyens les plus propres à donner satisfaction aux plus légitimes désirs qui pourraient leur être exprimés au nom de Sa Majesté Impériale le Sultan. »

A la nouvelle que la Porte demande à laisser des troupes en Crète, une agitation très vive se produit parmi les chrétiens; les amiraux réclament énergiquement le retrait total des troupes turques. Le délai de 15 jours accordé à la Porte expirait le 20 octobre, le 19 l'évacuation commence à la Canée et le 20 la Porte adhère complètement à la Note du 14 (1) :

« Eu égard aux assurances des 4 Grandes Puissances relativement au maintien et à la sauvegarde de ses droits souverains sur l'Ile de Crète, et conformément à leur désir commun, le Gouvernement Impérial, adhérant aux conclusions de la susdite Note, a donné à qui de droit les ordres nécessaires. Il croit devoir ajouter que, prenant acte du dernier paragraphe de la Note précitée, il a pleine confiance que les 4 Grandes Puissances voudront bien donner satisfaction à ses désirs légitimes concernant le maintien des droits sacrés de S. M. I. le Sultan sur l'Ile et la sauvegarde des droits et intérêts des musulmans. »

Le départ des troupes ottomanes s'effectua dès ce moment de façon régulière. Les amiraux, par deux dépêches des 14 et 18 octobre 1898, demandent que les trou-

______

(1) Liv. jaune cit., p. 196, n° 266.

pes, autorités et administrations turques devant avoir quitté l'Ile le 4 novembre, on leur donne, une semaine avant, la gestion des différentes administrations, de façon qu'il n'y ait pas d'interruption ; ils demandent à nouveau le retrait *total* des troupes ottomanes (1). L'accord s'établit aussitôt entre les Puissances pour donner aux amiraux cette administration comme ils le demandent.

Enfin ils réclament (18 et 28 octobre) une solution ; ils insistent pour que « ce provisoire, qui peut amener des complications inattendues, dure le moins possible et qu'il y soit mis fin par la nomination d'un Gouverneur (1) ». La Russie soutint cette proposition et demanda (8/20 octobre) qu'aussitôt après le départ des troupes turques les Puissances s'entendissent pour introduire le plus tôt possible en Crète « un pouvoir administratif stable ». Elle remet en avant le nom du Prince Georges de Grèce que l'on nommerait « Haut Commissaire délégué des Puissances » pour servir « d'intermédiaire entre la population crétoise et les amiraux au nom de leurs Gouvernements respectifs (2) ». Elle n'osait pas proposer franchement de nommer le Prince Georges Gouverneur Général en Crète, craignant qu'une telle solution n'eût pas chance d'aboutir, comme en février 1898.

La France adopte la proposition russe sans restriction. Lord Salisbury désire que le mandat des Puissances ne soit conféré au Prince Georges que pour une durée de douze mois, sauf à être renouvelé ensuite. « Il était possible, disait-il, que les actes du Prince ne répondissent pas

---

(1) Livre jaune sur la Crète (octobre-novembre 1898), p. 12, n° 3.
(2) Liv. jaune cit., p. 14, n° 7.

complètement à notre attente et à nos vues, il valait
donc mieux ne l'investir que d'un pouvoir temporaire
qui resterait sous le contrôle des Puissances (1). » Sur
les observations qui lui sont faites, lord Salisbury consent
à étendre ce mandat à une durée de 5 années, pourvu qu'il
soit temporaire (2). L'Italie, comme l'Angleterre, désire
également que le mandat du Prince Georges ne soit que
provisoire.

Pendant ce temps, malgré les craintes des Puissances,
le départ des dernières troupes ottomanes et la remise
de l'autorité aux amiraux s'effectuèrent sans incidents et
sans qu'on eût besoin de recourir aux « mesures coer-
« citives » dont on s'était préoccupé. Le 4 novembre, il
ne restait plus dans l'Ile que 450 soldats sans armes pour
enlever le matériel. Avant d'opérer ce départ définitif, la
Porte avait adressé, le 30 octobre, une Note aux Puissances pour leur rappeler leur promesse de prendre en
considération ses désirs légitimes qu'elle formulait de la
façon suivante (3) :

1° Maintien de l'intégrité territoriale de l'Empire en Crète.

2° Emploi du pavillon ottoman dans l'Ile, ainsi que par les navires de commerce.

3° Exercice du pouvoir judiciaire au nom de S. M. I. le Sultan.

4° Maintien des troupes impériales en nombre suffisant dans les
places fortifiées où cela est nécessaire, comme symbole des droits
souverains et du respect du pavillon ottoman.

5° Paiement d'une redevance fixe par l'Administration de Crète au
Trésor Impérial.

6° Garantie des droits civils ainsi que de la vie et des biens de la
population musulmane.

(1) Liv. jaune cit., p. 18, n° 15.
(2) Liv. jaune, p. 27, n°30.
(3) Liv. jaune, p. 21, n° 19.

7° Nomination, d'accord avec les Puissances, du personnage qui sera placé à la tete de l'administration de l'Ile.

Ce septième point était contraire au principe posé par les Puissances, excluant l'ingérence de la Porte dans le règlement de la question crétoise.

Les Puissances d'ailleurs, nous venons de le voir, ne tinrent aucun compte de ce désir de la Porte et ne la consultèrent nullement sur le choix du Prince Georges. Elle protesta contre ce choix et, dans une Note du 4 novembre, elle rappelait le rôle joué par le Prince lors de la dernière insurrection et déclarait « de la façon la plus formelle qu'elle ne saurait y acquiescer (1) ». Elle demandait également le maintien en Crète des 450 soldats qui s'y trouvaient encore. Les Puissances ne s'émurent point de ces réclamations ; sur leurs protestations et devant l'attitude énergique des amiraux, le général Chakir-Pacha dut quitter l'Ile avec les derniers soldats turcs, le 15 novembre.

Le calme se fait en Crète, le Comité ordonne le désarmement des chrétiens qui s'y soumettent de bonne grâce (18 novembre) ; les musulmans regagnent leurs villages et la confiance renaît de tous côtés.

L'Ile étant entièrement évacuée et les Puissances étant d'accord sur la nomination du Prince Georges, la Russie avait proposé (22 octobre/3 novembre) l'adoption des trois mesures suivantes (2) :

1° « Démarches des Puissances auprès du Roi de Grèce pour lui demander son consentement à la nomination de son fils comme Haut-Commissaire.

(1) Liv. jaune cit., p. 32, n° 37.
(2) Liv. jaune, p. 30, n° 35.

2° « Le Prince Georges ayant accepté, on notifiera ce
ce choix à la Porte. Cette notification devra être faite
en termes *les plus amicaux*. En même temps, on re-
nouvellerait les promesses déjà faites au Sultan pour
conserver dans l'Ile un signe de sa souveraineté.

3° « Les Puissances feraient chacune au Prince Georges
une avance d'un million à son arrivée dans l'Ile pour
parer aux premiers frais d'administration, avances dont
les Puissances se rembourseraient sur l'emprunt crétois
projeté. »

La France adopte ces trois propositions sans restriction,
l'Italie s'oppose au maintien du pavillon turc, mais, devant
les représentations des trois autres Puissances, elle finit
par céder. Quant à l'Angleterre, elle adopte aussitôt les
deux premiers points ; après bien des hésitations, elle
envoie enfin son adhésion sur le troisième (11 novembre).
L'accord étant établi, on décide d'adresser au Roi Georges
un « pro memoria » qui lui est remis à Athènes le 26 novembre. Ce « pro memoria » reproduit les trois mesures
proposées par la Russie et acceptées par les autres Puissances et établit les bases de l'administration du Prince
Georges. En voici le texte (1) :

Les Puissances que nous avons l'honneur de représenter, con-
fiantes dans l'esprit de sagesse de Votre Majesté, nous ont chargés
de La prier de donner à S. A. R. le Prince Georges l'autorisation
d'accepter le mandat de Haut Commissaire en Crète dans les conditions suivantes :

1° « Le Haut Commissaire sera investi d'un mandat temporaire
d'une durée de trois ans pour la pacification de l'Ile et l'établissement d'une administration autonome.

(1) Livre jaune cit., p. 52, n° 72.

2º Le Haut Commissaire reconnaîtra la Haute suzeraineté du Sultan et. prendra des mesures pour la sauvegarde du drapeau turc qui, selon la promesse donnée par les 4 Puissances, flottera sur l'un des points fortifiés de l'Ile.

3º Son premier soin sera, d'accord avec l'Assemblée nationale où tous les éléments crétois seront représentés, d'instituer un système de Gouvernement autonome, capable d'assurer dans une égale mesure la sécurité des personnes et des biens, ainsi que le libre exercice de tous les cultes.

4º Le Haut Commissaire devra procéder immédiatement à l'organisation d'une gendarmerie ou milice locale, capable de garantir l'ordre.

En vue de faciliter l'organisation de la nouvelle administration et de pourvoir aux charges personnelles de S.A.R. le Prince Georges. chacune des 4 Puissances fera, sauf approbation des Chambres pour les pays parlementaires, une avance d'un million de francs, qui sera ultérieurement remboursée sur le produit de l'emprunt à réaliser par la Crète sur ses revenus.

Le Roi Georges donne aussitôt l'autorisation à son fils, qui accepte. Tous deux font connaître leur acceptation et déclarent compter sur l'appui des Grandes Puissances pour soutenir le Prince Georges « dans ses efforts pour le développement et la prospérité de toute la population crétoise (1). »

Le 30 novembre, notification est faite à la Porte du choix du Prince Georges, on renouvelle l'assurance que les droits souverains du Sultan, ainsi que les intérêts et la vie des musulmans crétois seront sauvegardés. La Note se termine par des conseils de modération : « Les 4 Puissances ne doutent pas que le Gouvernement Impérial ottoman ne comprenne qu'il a tout intérêt à faciliter le succès de l'œuvre pacifique confiée au Haut Commissaire (2). »

(1) Liv. jaune cit., p. 5o, nº 7o.
(2) Liv. jaune, p. 52, nº 72.

Le 26 novembre, le Comité exécutif avait adressé une proclamation aux habitants de l'Ile pour leur annoncer que la longue période de luttes pour l'indépendance venait de finir « de la façon la plus heureuse et qu'une ère nouvelle, celle de la réorganisation sociale du pays, commençait sous les plus heureux auspices ». Il recommandait aux Crétois de faciliter la tâche du nouveau Gouverneur par leur calme et leur union (1). Les amiraux, par une proclamation du 30 novembre, annoncent aux Crétois la nomination officielle du Prince Georges au poste de Haut-Commissaire en Crète.

Les Crétois cependant n'acceptèrent pas avec enthousiasme cette solution, surtout les musulmans. Ils firent une pétition pour demander l'établissement du protectorat britannique en Crète. Le Gouvernement anglais manifesta un grand embarras à cette nouvelle; il ne pouvait cependant accepter, car il était lié avec les autres Puissances; le consul anglais à la Canée refusa de recevoir la pétition (2).

Néanmoins les amiraux jugèrent leur présence désormais inutile en Crète; le 1ᵉʳ décembre, ils demandent la levée du blocus de l'Ile, tout en maintenant l'interdiction de l'importation d'armes et de munitions de guerre. Les Puissances décident que le blocus cessera à partir du 5 décembre. Les amiraux demandent également à être rappelés dès l'arrivée du Prince Georges en Crète, « puisque, disent-ils, le Haut-Commissaire se présente comme délégué des Puissances pour exercer les pouvoirs antérieurement confiés aux amiraux ». Enfin ils estiment

(1) *Mémorial diplomatique* (novembre 1898).
(2) *Mémorial diplomatique* (décembre 1898).

qu'après leur départ il suffira, pour assurer l'ordre en Crète, que chaque Puissance y laisse deux bataillons et un navire en station (1).

Il ne resta plus qu'à obtenir de la Porte l'acceptation de la nomination du Prince Georges. Elle répond le 8 décembre à la Note du 30 novembre ; elle déclare prendre acte des déclarations des Puissances, elle renouvelle ses objections à propos de la nomination du Prince Georges ; mais, puisque les Puissances n'ont pas trouvé d'autre solution, elle déclare l'accepter et espère qu'on accordera au Sultan les garanties promises (2).

Cette nomination du Prince Georges fut-elle notifiée aux cabinets de Vienne et de Berlin ? Le Livre Jaune ne parle pas d'une telle notification. Il est probable cependant qu'elle eut lieu ; car, nous l'avons vu dans le courant de cette étude, les Puissances n'ont jamais cessé de tenir au courant ces deux Cabinets, lorsqu'une décision de quelque importance avait été prise. Le 12 décembre, M. de Bülow, commentant au Reichstag les événements de Crète, disait ironiquement : « Nous ne pouvons nous dissimuler, en présence de la façon dont on a pris en main le problème crétois, que ce n'est pas le nombre des cuisiniers qui rend la soupe meilleure. Nous accompagnons de nos vœux l'action des 4 Puissances (2). » Sous cette ironie, ces paroles cachent un certain mécontentement ; l'Allemagne avait sans doute espéré que la question crétoise ne recevrait jamais de solution.

L'accord cependant s'était fait et l'on était arrivé à cette solution. Sans doute elle n'était encore que provisoire,

(1) Liv. jaune cit., p. 53, n° 74.
(2) *Mémorial diplomatique* (décembre 1898).

puisque, sur l'insistance de l'Angleterre, les pouvoirs du Prince n'étaient que temporaires, mais elle avait des chances de devenir définitive. Une fois la pacification de l'Ile obtenue et une administration autonome établie, il était tout naturel de laisser le Prince Georges comme Gouverneur Général. Les Crétois avaient à leur tête un homme intelligent, à même de comprendre leurs besoins et ayant tout intérêt à s'attirer leurs sympathies et à rendre par son administration l'Ile heureuse et prospère. C'était en effet le seul moyen d'arriver à obtenir des Puissances le vœu commun des Grecs et des Crétois : l'union.

Il est regrettable cependant que les Puissances aient été aussi longues pour aboutir à une solution. Pour en arriver à nommer le Prince Georges, il eût été plus simple de le faire dès la fin du conflit gréco-turc, comme l'avait proposé la Russie ; on aurait même dû le nommer dès le commencement de la question crétoise, dès que l'on eut décidé de doter l'Ile d'un régime autonome effectif (février 1897) ; car, après le conflit gréco-turc, la Porte pouvait avec raison s'opposer à la nomination du Prince Georges dont la conduite lui avait été particulièrement hostile. Les Puissances auraient ainsi épargné aux Crétois bien des souffrances ; elles auraient peut-être empêché le conflit gréco-turc et se seraient évité à elles-mêmes bien des difficultés et des dépenses. Mais, nous l'avons vu, ce sont les rivalités et l'égoïsme des Puissances qui ont empêché cette solution à cette époque ; après avoir tenté beaucoup de solutions, après avoir fait de nombreuses erreurs, elles en sont revenues, comme souvent cela arrive, à la première idée qui était la bonne et la seule possible. Après avoir soulevé mille difficultés de toutes sortes, le concert européen, « ce rouleau à vapeur qui avance lentement, » comme disait lord Salisbury (1), les avait toutes écrasées et avait enfin donné à la question crétoise une solution. Nous verrons plus loin ce qu'il faut penser de cette solution.

(1) *Journal des Débats* (10 novembre 1898).

CHAPITRE IV

Rétablissement du calme. — Attitude des musulmans. — Occupation et administration par les forces internationales. — Réformes opérées par le Prince Georges. — Élaboration de la Constitution. — La Constitution Crétoise (29 avril 1899).

La nomination du Prince Georges de Grèce comme Haut-Commissaire des Puissances en Crète mettait fin à la phase diplomatique de la question crétoise; le concert européen était arrivé à une solution, c'était au Prince Georges qu'appartenait le soin de compléter cette solution et de doter l'Ile d'un régime autonome. Les quatre Puissances abandonnaient le rôle actif qu'elles avaient si longtemps occupé et, sans se désintéresser de la question, elles se contentaient de surveiller l'œuvre réformatrice du Prince. Elles décidèrent en effet, dans le courant du mois de février 1899, que toutes les questions concernant la Crète seraient discutées à Rome par leurs ambassadeurs près le Quirinal, sous la présidence de l'amiral Canevaro, ministre des affaires étrangères d'Italie. Elles établissaient ainsi à Rome une sorte de Conseil de surveillance de la question crétoise, dans le but de suivre l'action du Prince Georges en Crète et de veiller à ce que les réformes introduites par lui dans l'Ile, et notamment le Statut crétois, ne continssent pas des dispositions incompatibles avec les obligations de la Crète envers le Sultan et envers les Puissances elles-mêmes.

Dans ce dernier chapitre de notre étude, nous n'aurons donc guère à nous occuper que des réformes introduites en Crète par le Haut-Commissaire, l'action des Puissances se trouvant bornée à un rôle de pure surveillance. Notre étude portera sur trois points principaux :

1° Le rétablissement du calme et l'attitude des musulmans crétois devant le nouveau régime ;

2° L'occupation et l'administration par les forces internationales ;

3° Les réformes opérées par le Prince Georges et l'élaboration de la nouvelle Constitution crétoise.

Mais avant d'aborder ces trois points, il est nécessaire de parler de l'arrivée du Haut-Commissaire des Puissances en Crète.

Suivant la décision des Puissances, le Prince Georges arriva à la Canée le 21 décembre 1898. Il fut question un moment de lui donner un conseiller et de nommer à cette fonction M. Numa Droz, ancien Président de la Confédération helvétique. Ce projet n'eut pas de suite et le Prince vint seul en Crète. Au commencement de 1898, M. Hanotaux avait mis en avant la candidature de M. Numa Droz comme Gouverneur de l'Ile. Mais, devant l'opposition de l'Allemagne, cette proposition avait été abandonnée. Le Prince Georges se trouvant à Athènes au moment de se rendre en Crète, la Porte avait demandé que son arrivée ne se fît point sur un navire battant pavillon hellénique ; il fut décidé que le navireamiral français irait prendre le Prince à Milo, et c'est en effet ce qui eut lieu ; le Haut-Commissaire arriva en Crète sur un navire battant pavillon français. La Porte avait également demandé qu'à l'arrivée du Prince dans la baie de la Sude le drapeau turc fût hissé en même temps que les pavillons des Puissances. Pour ménager les susceptibilités et du Sultan et du Prince Georges, on eut recours à un stratagème. Les marins français, chargés, à terre, de hisser les divers pavillons, reçurent l'ordre de ne le faire que successivement et de dix minutes en dix minutes, en hissant le pavillon turc en dernier. A l'arrivée du navire portant le Prince à l'entrée de la baie de la Sude, les pavillons furent hissés suivant les ordres reçus, de sorte que le navire se trouvait déjà loin et tout près d'atterrir lorsque le pavillon turc fut hissé à son tour.

Dès son arrivée, le Haut-Commissaire adressa à la population crétoise une proclamation où il promettait de gouverner avec justice et impartialité ; il recommandait l'oubli des haines passées entre musulmans et chrétiens et réclamait le concours de toute la population pour mener à bien sa tâche. L'accueil qui lui avait été fait était des plus sympathiques, les chrétiens surtout s'étaient montrés enthousiastes ; les musulmans, plus calmes, avaient cependant manifesté leur joie et avaient même parfois fraternisé avec les chrétiens. La future administration du Prince s'annonçait donc sous les meilleurs auspices.

1° Rétablissement du calme ; attitude des musulmans. — Le calme qui régnait en Crète depuis le départ des troupes et autorités musulmanes ne fit que s'affirmer sous l'administration du Prince Georges. La reine d'Angleterre le constatait dans son message au Parlement britannique, le 8 février 1899 : « Le rétablissement de la paix et de l'ordre qui résulte de la nomination de S. A. R. le Prince Georges comme Gouverneur a été accueilli avec joie par les Crétois des deux religions (1). » Cette joie n'était cependant pas partagée par les musulmans ; sans doute ils avaient manifesté un certain enthousiasme à l'arrivée du Prince Georges, mais cela n'avait pas duré. Ils s'habituaient difficilement en effet à ne plus agir en maîtres ; en outre, les chrétiens se trouvant en majorité à l'Assemblée et dans les diverses Commissions, bien des demandes des députés musulmans furent rejetées, notamment, ainsi que nous le verrons plus loin, sur la question de la promulgation des lois en langue turque et sur la question des indemnités à accorder aux propriétaires pour les dommages subis pendant l'insurrection. Enfin la Porte entretenait secrètement des relations avec les musulmans; elle les mettait en défiance contre le Haut Commissaire, dont elle ne voulait pas reconnaître l'impartialité, et les engageait à se retirer de l'Ile. Dès le commencement de l'année 1899, une émigration de musulmans se produisit, notamment à Candie, où l'administration anglaise laissait fort à désirer. Le Prince essaie d'arrêter cette émigration par des proclamations adressées aux musulmans et aux chrétiens, assurant aux uns l'impartialité du nouveau régime et recommandant aux autres la modération et la bienveillance. Le colonel anglais Chermside lança aussi à Candie une proclamation où il montrait aux musulmans le sort misérable qui les attendait en Turquie. Rien n'y fit et une émigration en masse

(1) *Journal des Débats* du 9 février 1899.

eut lieu ; à la fin de juin, plus de 18.000 musulmans avaient quitté l'Ile, abandonnant les récoltes. L'instigation de la Porte est ici certaine ; un grand nombre d'émigrants, interrogés sur les causes de leur départ, répondaient qu'ils agissaient par ordre du Sultan (1). Le vote d'un article de la Constitution proclamant le service dans la milice obligatoire pour tous provoqua aussi une recrudescence dans l'émigration musulmane.

Cette émigration en masse donna lieu à une bizarre proposition de la Porte. Le Prince Georges, alarmé à juste titre de ces départs, et craignant de voir l'agriculture manquer de bras, songeait à faire venir des colons de l'étranger. Or, au moment des troubles d'Anatolie, 40.000 Arméniens environ s'étaient réfugiés sur le territoire russe, espérant s'y fixer. Mais le Gouvernement russe refusa de les garder ; de son côté, la Porte ne désirait nullement les voir revenir ; des difficultés eurent même lieu à ce sujet. La Porte proposa, sur ces entrefaites, de les conduire à ses frais en Crète pour y combler le vide fait par l'émigration musulmane. Le Prince Georges n'y mit point d'obstacles. Cette solution eût été heureuse pour tous, surtout pour les Arméniens ; mais il ne semble pas qu'elle ait reçu d'exécution et les malheureux Arméniens auront dû sans doute retourner en Anatolie (2).

Malgré cette émigration et l'attitude peu conciliante des musulmans, le calme ne fut cependant pas troublé dans l'Ile ; d'ailleurs, en attendant la réorganisation de la

(1) *Temps* du 14 avril 1899.
(2) *Temps* du 20 juin 1899.

gendarmerie, la police était faite par les contingents internationaux.

2° *Occupation et administration par les forces internationales.* — A la suite du départ des troupes et des autorités turques, les amiraux avaient pris en main l'administration de l'Ile. Cet état de choses donna même de meilleurs résultats qu'on ne pouvait espérer et les amiraux se révélèrent bons administrateurs. La police et la sécurité de l'Ile étaient assurées par les contingents européens, et l'administration était dirigée par les officiers. L'Ile, nous l'avons vu, était divisée en cinq districts et chaque commandant supérieur était chargé de l'administration et de la police dans son district : le commandant français à Saint-Nicolas, le commandant russe à Réthymo, le commandant anglais à Candie, et le commandant italien à Halépa. Seul le district de la Canée était occupé de façon mixte par des troupes des quatre Puissances, sous l'autorité du commandant supérieur international (français). Au mois d'août 1897, nous l'avons vu, un tribunal international avait été institué pour juger les individus convaincus d'avoir fomenté des désordres ou commis des crimes ou violences. Ce tribunal siégeait à la Canée, il était composé d'officiers des Puissances et appliquait le Code militaire italien.

Telle était la situation de la Crète au moment de l'arrivée du Prince Georges. Ce système continua de fonctionner jusqu'à la réorganisation complète de l'administration par le Haut-Commissaire. Les amiraux, nous l'avons vu, avaient considéré leur mission comme terminée par suite de la nomination d'un Haut-Commissaire et avaient demandé leur rappel. Ils partirent en effet le

26 décembre 1898, laissant dans la baie de la Sude un seul navire de chaque Puissance. En reconnaissance des services rendus par eux à la population crétoise, le Roi de Grèce leur conféra le grand cordon du Sauveur et la municipalité d'Athènes, sur la proposition de M. Skouzès, leur décerna le titre de citoyens de la ville d'Athènes.

A la suite du départ des amiraux, l'autorité passa à divers officiers supérieurs des Puissances, le commandant supérieur international à la Canée étant toujours français (colonel Spitzer). Par déférence, les commandants supérieurs prirent l'habitude de consulter le Haut-Commissaire au sujet des mesures qu'ils avaient l'intention de prendre dans leurs districts. Seul, le colonel anglais sir Chermside, commandant le district de Candie, omit d'agir ainsi ; il se considérait comme absolument maître de son district. Son attitude d'ailleurs fut singulière, si singulière même qu'il en résulta un certain froid dans ses rapports avec le Haut Commissaire. Nous avons déjà vu que sa conduite équivoque, loin de ramener le calme à Candie, produisait au contraire une certaine agitation parmi les musulmans. Pendant toute cette période, malgré les protestations réitérées du Prince Georges, les journaux anglais ne cessent de représenter la situation à Candie comme très alarmante. *La Correspondance politique de Vienne*, journal sérieux, rapporte même que le colonel Chermside a construit à Candie des baraquements pouvant contenir 17.000 hommes ; il aurait introduit dans ce district un timbre spécial orné du pavillon anglais et institué des tribunaux mixtes composés d'un juge chrétien, d'un juge musulman, sous la présidence d'un juge anglais, rendant les jugements au nom de la reine d'Angleterre. Enfin

on trouve dans le *Standard* cette phrase caractéristique :
« Tant que le commandant des troupes britanniques sera
responsable de l'ordre à Candie, il refusera de recevoir
des ordres soit du Prince Georges, soit de l'Assemblée
nationale crétoise (1). » Que penser de cette attitude ?
Certes elle doit être en tous points condamnée, car elle
est contraire à l'intention des Puissances et est de nature
à faire renaître le désordre dans l'Ile.

Le Prince Georges, désireux de mettre un terme à cette
situation, et trouvant d'ailleurs un inconvénient à la diver-
sité des administrations étrangères, hâta le travail des
Commissions chargées de la réorganisation administrative. En outre, il demanda aux consuls (mars 1899) de
réduire les forces internationales en Crète à un bataillon
pour chaque Puissance et de répartir ces forces entre
tous les secteurs, de manière à former une occupation
mixte (2). Peu après (avril) d'ailleurs, le colonel Chermside fait une pareille proposition, demandant d'assimiler le
district de Candie à celui de la Canée pour l'occupation
mixte. On expliqua cette demande par le désir de l'Angleterre de mettre fin aux bruits qui avaient circulé d'une
entente entre Anglais et musulmans et par la difficulté
éprouvée par le commandant anglais pour rétablir l'ordre
et le calme dans ce district (3). Les commandants des
autres Puissances s'opposèrent énergiquement à une pareille mesure, alléguant que ce fractionnement de troupes entraînerait des difficultés et des dépenses pour leur
entretien et leur ravitaillement.

(1) *Journal des Débats* et *Temps*, du 14 février 1899.
(2) *Journal des Débats*, du 16 mars 1899.
(3) *Temps*, du 11 avril 1899.

Cependant, à mesure que l'organisation de la nouvelle administration s'avançait, les Puissances retiraient peu à peu leurs troupes qui se trouvaient en Crète. A leur départ, les amiraux avaient emmené une partie des contingents, sauf cependant l'amiral anglais, qui avait jugé prudent de ne pas retirer de troupes, de Candie. L'Angleterre se décida à faire partir un demi-bataillon au mois d'avril. En mai et juin, la nouvelle administration se trouvant à peu près organisée, les commandants supérieurs des forces internationales furent rappelés ainsi que de nouveaux contingents. Le départ du colonel Spitzer et de deux compagnies françaises de la Canée fut particulièrement émouvant. Le Prince Georges passa en revue nos soldats et, dans un chaleureux discours, il remercia, au nom de tous les Crétois, le colonel Spitzer et les soldats français de leur dévouement à la cause crétoise ; puis il accompagna nos troupes jusqu'au navire français (5 juin).

Après ce départ, l'autorité passa à des officiers subalternes et le commandement supérieur à la Canée fut donné à la Russie. Au mois de juin 1899, il ne restait plus dans l'île que 2.000 hommes environ, soit 500 hommes par Puissance. Depuis lors, la situation n'a pas changé en Crète, chaque Puissance y entretient un contingent de 500 hommes. Cette situation durera sans doute jusqu'à l'expiration des fonctions du Haut-Commissaire, à la fin de 1901. Il s'agira alors de mettre fin à ce provisoire et de nommer un Gouverneur ; ceci fait et l'administration de l'île étant complètement terminée, les Puissances décideront sans doute de retirer leurs contingents.

3° *Réformes du Prince Georges.* — *Élaboration de la Constitution crétoise.* — Pour opérer utilement des réfor-

mes, le Haut-Commissaire dut « sérier » les questions
diverses dont il avait à s'occuper, pour les résoudre plus
facilement.

La plus grave de toutes ces questions était celle des
finances. Le Prince commença par se renseigner minu-
tieusement sur les ressources de l'Ile et put ainsi déterminer les charges que la population pouvait supporter.
Nous avons vu que, dans le « pro memoria » remis au Roi
Georges de Grèce le 26 novembre 1898, les Puissances
s'engageaient à faire chacune au Prince Georges une
avance d'un million. Cette avance devait être faite « sauf
approbation des Chambres pour les pays parlementaires ». Les Chambres approuvèrent cette avance en
France, en Angleterre et en Italie ; en conséquence, un
prêt de 4 millions fut fait par les 4 Puissances au Gouvernement crétois dans les conditions indiquées au « pro
memoria » (décembre 1898).

Cette somme était bien minime et devait être rapidement absorbée. En février 1899, le Prince Georges
adresse aux Puissances un memorandum et une circulaire sur le budget de l'Ile et demande l'autorisation de
contracter un emprunt de 6 millions 1/2 de francs pour
subvenir aux premiers frais de la future administration
autonome. D'après lui, sur ce chiffre, 4 millions seraient
prévus pour combler les déficits budgétaires des cinq
premières années, l'Ile se trouvant ruinée et sans
ressources à la suite des dernières insurrections (1).
L'Assemblée crétoise fit pareille demande au mois d'avril,
elle vote un emprunt de 9 millions de francs à contracter
par le Gouvernement crétois si, grâce au concours des

(1) *Journal des Débats*, 17 février, et *Temps*, 18 février 1899.

Puissances, l'intérêt ne dépassait pas 3 p. 100. Sur cet emprunt, 5 millions seraient consacrés à rembourser l'avance de 4 millions faite par les Puissances. Mais il était évident que ce concours des Puissances que réclamait le Gouvernement crétois pour emprunter à 3 p. 100, était une sorte de garantie de l'emprunt futur. Il était certain, en effet, que jamais le Gouvernement crétois n'aurait pu emprunter à aussi faible intérêt si les Puissances ne donnaient une certaine garantie à cet emprunt. Or elles étaient fort peu disposées à s'engager ainsi ; les ambassadeurs réunis à Rome répondirent vaguement qu'ils étudiaient les moyens de faciliter au Gouvernement crétois le crédit sur les marchés européens. Finalement le concours des Puissances réclamé par l'Assemblée crétoise n'arriva jamais et à l'heure actuelle la question de l'emprunt crétois est encore pendante. Tout dernièrement même (mars 1900), le Prince Georges, dans un télégramme adressé aux quatre Puissances, demandait l'autorisation de contracter cet emprunt.

La situation était donc bien difficile pour le Haut Commissaire ; il y avait des dépenses urgentes à faire et les Puissances étaient peu disposées à avancer les fonds et à faciliter un emprunt. Le Prince avait comme Conseiller financier M. de Bloney ; il met à la tête des finances de Crète un financier suisse, M. Volnay, qui prend le titre de « Contrôleur général des finances en Crète » (9 avril).

Une autre question financière qui souleva bien des difficultés, ce fut celle des indemnités à distribuer aux propriétaires qui avaient été ruinés par les dernières insurrections. Le Gouvernement crétois ne pouvait prendre sur ses ressources, qui étaient nulles, pour distribuer ces

indemnités. Il dut faire encore appel aux Puissances.
Mais ici comme en 1896, elles lésinèrent, ne voulurent pas
tout d'abord faire des avances et l'on peut dire que ces
hésitations furent, pour une grande partie, cause de l'émigration musulmane ; le petit paysan ruiné, désespérant
d'obtenir une indemnité qui lui permît de reconstruire
sa maison et de remettre en état ses champs, préférait
s'expatrier. Au mois de mars 1899, le Prince Georges
demandait aux Puissances de lui avancer chacune 600.000
francs pour distribuer aux paysans par petites sommes
placées à 1 0/0 d'intérêts et 2 0/0 d'amortissement afin
de leur permettre de reconstruire leurs maisons. D'après
le Haut-Commissaire, cette somme ne serait pas considérée
comme un emprunt du Gouvernement crétois, mais comme
des avances faites directement aux paysans par l'intermédiaire de leurs consuls, le Haut-Commissaire se chargeant
de percevoir les intérêts et l'amortissement (1). Les ambassadeurs réunis à Rome commencent par repousser
cette demande et répondent comme toujours qu'ils étudient
les moyens de faciliter au Gouvernement crétois le crédit
sur les marchés européens (2).

Cette question des indemnités à accorder aux petits
propriétaires nécessiteux souleva aussi de grosses difficultés et des dissentiments entre chrétiens et musulmans.
L'Assemblée crétoise avait nommé une Commission spéciale pour le règlement de cette question. Des désaccords se produisirent entre Commissaires chrétiens et
musulmans. Ces derniers proposaient un emprunt de
40 millions ; cette proposition fut aussitôt rejetée. Ils de-

(1) *Journal des Débats* et *Temps*, du 19 mars 1899.
(2) *Journal des Débats* et *Temps*, 24 mars 1899.

mandèrent ensuite que l'on contractât un emprunt de 10 millions, qui serait avancé par petites sommes aux propriétaires à des intérêts insignifiants. Cette proposition fut aussi rejetée. Les députés musulmans résolurent alors de s'entendre avec les notables de la Canée, Candie, Réthymo, pour adresser une pétition aux Puissances afin d'obtenir leur concours. Le Prince Georges, devant cette attitude des musulmans, était fort embarrassé ; il proposa de placer dans une banque le produit des impôts et taxes de l'Ile ; l'intérêt de ces dépôts servirait à faire de petits prêts aux propriétaires à un faible intérêt (1). Ce moyen n'était guère pratique, il offrait des ressources tout à fait insuffisantes. Le Prince résolut de faire de nouvelles démarches auprès des Puissances.

Au mois de mai, il renouvelle sa demande du mois de mars précédent, mais il demande à chaque Puissance d'avancer 800.000 francs à 1 % d'intérêt, que l'on prêterait aux paysans par petites sommes et au même taux d'intérêt. Le conseil des ambassadeurs à Rome accède enfin à sa demande ; les Puissances prêteront chacune 800.000 francs à 1 % d'intérêt et 2 % d'amortissement. Seule l'Italie ne participera pas à ce prêt, car elle a consenti à envoyer en Crète des officiers et des sous-officiers pour former les cadres de la nouvelle gendarmerie, officiers et sous-officiers qui continueront à toucher leur solde du Gouvernement italien et ne recevront du Gouvernement crétois qu'une légère indemnité. Cette question des indemnités à distribuer aux petits propriétaires se trouvait donc résolue (juin 1899).

Enfin une autre difficulté s'éleva à propos de la fixa-

(1) *Temps* du 1er avril 1899.

tion de la contribution de la Crète à la Dette ottomane.
Au Congrès de Berlin, lors de la constitution des Principautés Danubiennes, les Puissances avaient décidé que
chaque Principauté verserait une contribution à la Dette
ottomane, sans fixer d'ailleurs le chiffre de cette part
contributive. On ne put s'entendre par la suite sur la fixation de cette part et en fait les Principautés ne payèrent
jamais rien. Ainsi pour elles, en droit, l'obligation à cette
contribution existait, mais en fait elle n'eut jamais lieu.

Pour la Crète, il n'en fut pas de même. En instituant
l'autonomie crétoise, les Puissances passèrent absolument
sous silence la question de cette contribution. En droit
donc, l'Ile n'est pas tenue de participer à cette contribution, mais en fait elle y participe ; le Gouvernement crétois
a reconnu le principe de cette participation, mais il y a
conflit avec l'administration de la Dette ottomane pour
l'application de ce principe. L'administration de la Dette
ottomane agit ici en qualité de société privée et reven-
dique le maintien à son profit d'anciens privilèges. En
effet le décret du 8/20 décembre 1881, instituant cette
administration, lui cédait, pour le service de la Dette,
la perception de certains revenus, variables suivant les
vilayets, mais comprenant généralement les six contri-
butions indirectes : tabac, sel, spiritueux, timbre, pêche-
ries et soies. Pour le vilayet de Crète, les revenus concédés
se réduisaient à quatre : tabac, sel, spiritueux et timbre.

Mais, en vertu de l'article 13 du Pacte de Halépa de
1878, après prélèvement des frais d'administration locale,
l'excédent des recettes sur les dépenses devait être partagé
entre le trésor impérial et le budget de l'Ile, seuls les droits
de douane et ceux sur le sel et le tabac ne devaient pas

figurer à ce budget. Ainsi, d'après cet article 13, sauf trois exceptions bien définies, les produits de tous les autres droits revenaient au budget de l'Ile. Dès lors, en 1881, le Gouvernement ottoman pouvait bien disposer librement des droits sur le sel et le tabac pour les concéder à l'administration de la Dette ottomane, il n'en était pas de même des droits de timbre et de ceux sur les spiritueux, droits qui, en vertu dudit article 13, appartenaient au budget de l'Ile. Il y eut là une injustice et les Crétois ne cessèrent de protester contre la concession de ces droits, faite à la Dette ottomane.

En 1896, une illégalité semblable fut commise, mais, cette fois, au profit des Crétois et au préjudice de la Dette ottomane. Le § II de l'article 13 du Règlement du 25 août 1896 décidait en effet que l'impôt sur le tabac appartiendrait à l'Ile. On retirerait ainsi à l'administration de la Dette ottomane la perception d'un revenu qui lui avait été concédé en 1881, comme nous venons de le voir. Celle-ci, qui avait profité de l'injustice commise à l'égard des Crétois en 1881, protesta vivement contre cette mesure qui lui portait préjudice. C'est de ces deux illégalités, commises en 1881 et en 1896, que devaient naître toutes les difficultés.

Dès avant le départ du Prince Georges pour la Crète, la question de la contribution de l'Ile à la Dette ottomane avait été soulevée à Athènes par M. Law, représentant des bondholders anglais au conseil d'administration de la Dette ottomane et président du contrôle international de Turquie. L'intérêt des Anglais, gros porteurs de titres ottomans, était que la Crète contribuât dans la plus large mesure possible à la Dette ottomane; M. Law fit provisoirement fixer cette contribution à 150.000 fr. (décembre 1898). Au mois de janvier 1899, il se rend à la Canée pour discuter à nouveau cette question. M. Sphakianadis, le futur président de l'Assemblée crétoise, refusait de reconnaître le principe même de l'obligation pour la Crète de fournir une contribution à la Dette ottomane. Le Prince Georges, au contraire, n'était pas hostile, en principe, à cette contribution, mais il ne voulait reconnaître à l'administration de la Dette ottomane que le droit de perception sur le sel seulement. Un grave désaccord se produisit entre M. Law et le Gouvernement crétois ; on parla même de soumettre la question à des arbitres internationaux ; finalement M. Law se rendit à Rome pour s'entendre à ce sujet avec l'amiral Canevaro et le conseil des ambassadeurs (1). La question est encore pendante à l'heure actuelle.

Le Gouvernement crétois ne repousse pas le principe d'une contribution à la Dette ottomane, mais il trouve exagérées les prétentions de l'administration de la Dette, qui entend garder tous les privilèges qui lui ont été concédés en 1881. Il ne veut pas non plus lui reconnaître de privilèges sur le tabac, attendu que le Règlement du 25 août 1896 lui a retiré ce privilège. On le voit, il y a des torts des deux côtés. Chaque partie cherche à se prévaloir des mesures édictées à son profit, sans s'inquiéter s'il y a eu une injustice commise vis-à-vis de l'autre partie, et, par contre, elle ne veut pas reconnaître les mesures qui lui portent préjudice, cherchant à en faire ressortir toute l'injustice. Comme nous le disions plus haut, il y a conflit, et la question n'a pas encore été tranchée.

(1) *Temps* des 23, 27 et 30 janvier 1899.

Enfin, pour terminer ces questions de finances, notons que la Banque nationale de Grèce fut autorisée à fonder une succursale à la Canée et à installer des agences dans les autres villes principales. Au mois de juin, une convention eut lieu entre cette Banque et le Gouvernement crétois, pour la fondation en Crète d'un établissement de crédit qui devait porter le nom de « Banque de Crète » au capital de 10 millions, divisé en 40.000 actions. Le privilège de cette Banque est d'une durée de 30 ans et renouvelable. Elle a pour objet l'émission de billets et principalement le prêt sur hypothèque. Enfin elle doit prendre à sa charge l'émission de l'emprunt crétois destiné à rembourser les avances faites par les Puissances, emprunt qui, nous l'avons vu, n'a pas encore été opéré.

Après la question financière, celle de la réorganisation de la gendarmerie demandait une prompte solution. Une bonne gendarmerie bien disciplinée était absolument nécessaire dans ce pays qui venait de subir de telles tribulations. Nous avons vu que, conformément aux réformes décidées par la Commission de réorganisation de la gendarmerie en décembre 1896, cent soldats monténégrins avaient été enrôlés comme gendarmes en Crète. A la suite des massacres de janvier 1897, ces gendarmes s'étaient réfugiés avec les consuls et le Gouverneur Général à bord des navires des Puissances. Peu après ils revinrent à terre et depuis lors ils avaient continué leurs fonctions de gendarmes. La gendarmerie devant être complètement réorganisée par le Haut-Commissaire, le Gouvernement monténégrin décida de rappeler ses soldats. Ils devaient partir le 1/13 janvier, mais sur les instances du Prince Georges, le Prince Nicolas de Monténégro consentit à ajourner leur départ jusqu'à l'organisation complète d'une gendarmerie en Crète (1).

Une Commission militaire est instituée en janvier, afin d'élaborer un projet pour la formation d'une gendarmerie et d'une milice; elle est composée de quatre officiers de troupes internationales (un de chaque Puissance) sous la présidence du colonel français Spitzer. Celui-ci, en entrant en fonction, lance aussitôt une proclamation où il invite tous les Crétois de 22 à 38 ans, désireux de faire partie de la gendarmerie, à se présenter devant la Commission pour contracter un engagement de trois ans avec solde mensuelle de 2 à 3 livres turques (46 à 69 francs), plus un uniforme. La Commission décide que tous les officiers de la gendarmerie devront être européens pendant les premières années pour être remplacés plus tard par des indigènes (2).

En vertu de cette décision, le capitaine Graveri, chef des carabiniers italiens, qui s'était fait remarquer par l'organisation de la gendarmerie locale dans le district occupé par les Italiens et qui en outre était très populaire dans l'île, est nommé commandant de la gendarmerie en Crète (avril 1899). Le Gouvernement italien autorise ses officiers à rester dans l'île jusqu'à ce qu'ils puissent être remplacés par des officiers indigènes; en outre, ainsi que nous l'avons vu, en compensation de l'avance de 800.000 francs faite par chacune des autres Puissances, l'Italie envoie en Crète un détachement de carabiniers compre-

<hr>

(1) *Journal des Débats* du 27 décembre 1898, et *Temps* des 3 et 16 janvier 1899.
(2) *Journal des Débats* du 12 janvier et *Temps* du 3 février 1899.

nant 5 officiers et 70 sous-officiers pour former les cadres de la nouvelle gendarmerie.

Quant à la milice, bien qu'un article de la Constitution en rendît le service obligatoire pour tous les Crétois, sa formation fut ajournée et, à l'heure actuelle, il n'y a qu'une gendarmerie recrutée par voie d'engagements volontaires, avec des cadres italiens et commandée par un officier italien : le capitaine Graveri. Mais cet état de choses n'est que temporaire, le Prince Georges a l'intention de remplacer les officiers italiens par des officiers indigènes au bout de trois ans.

Une autre Commission, composée de quatre membres (trois chrétiens, un musulman), sous la présidence de M. Scalzounis, fut instituée pour la réorganisation des tribunaux et la rédaction d'un Code civil et d'un Code pénal. Cette Commission décide la création immédiate dans l'Ile de six tribunaux de première instance (un par province) pour remplacer le tribunal international. En outre, pour garantir l'indépendance des tribunaux, elle institue un Conseil de justice, composé du Président et de trois membres de la Cour d'appel nommés par le Gouverneur. La nomination et la destitution des magistrats ne doivent avoir lieu que sur la proposition de ce Conseil qui constitue une sorte de Chambre de discipline (1).

La réorganisation des tribunaux fut terminée en avril. Outre les six tribunaux de première instance, il y a une Cour d'appel et une Cour d'assises siégeant à la Canée ; il y a dans toute l'Ile 22 juges de paix.

Le Conseil des Ministres turc décida le maintien des tribunaux religieux musulmans à la Canée, Candie, Ré-

(1) *Journal des Débats,* du 29 janvier 1899.

thymo et Lussithi (villes où il y a encore un grand nombre de musulmans). Les allocations de ces tribunaux sont payées par le Trésor ottoman (1).

Au point de vue religieux, une question très délicate était celle de la nomination du métropolite de Crète, archevêque ayant autorité sur les évêques. Une sorte de conflit politico-ecclésiastique durait depuis longtemps à ce sujet. En 1898, à la mort du titulaire, la Porte confia, comme toujours, la nomination de son successeur au patriarchat œcuménique de Constantinople, dont la Crète dépend ecclésiastiquement. Celui-ci se trouva dans une situation embarrassante, ne pouvant d'un côté désobéir à la Porte et de l'autre considérant la Crète comme affranchie du joug du Sultan. Pour ne pas froisser les Crétois, il nomma comme métropolite Mgr Eumérius Xirondaki, lequel était déjà évêque de Crète et très populaire dans l'Ile. Mais les Crétois, tout en approuvant cette nomination, refusaient de la reconnaître en principe, prétendant que l'Ile n'appartenait plus au Sultan et ne faisait plus partie du patriarchat œcuménique de Constantinople. Le Prince Georges mit fin à ces discussions en ratifiant l'élection de Mgr Xirondaki et en lui donnant ainsi la « sanction crétoise (2) ».

Pareille polémique se reproduisit à l'Assemblée crétoise lors de la discussion de la Constitution. Plusieurs députés avaient proposé que la religion grecque fût reconnue comme religion officielle; cette proposition souleva de vives réclamations de la part des députés musulmans et aussi de nombreux députés chrétiens; elle fut repoussée

(1) *Temps* du 28 février 1899.
(2) *Temps* du 4 février 1899.

par 133 voix contre 22 et 25 abstentions (1). Mais il fut décidé que le droit de nommer et de destituer le métropolite appartiendrait au Prince. Cette disposition fut vivement critiquée lors de la discussion de la Constitution en deuxième lecture et finalement elle fut abrogée. Le métropolite est nommé par le patriarchat œcuménique de Constantinople avec approbation du Prince, qui donne l'investiture ; les évêques sont nommés par le synode de Crète (2).

Il ne nous reste plus maintenant qu'à étudier la nouvelle Constitution qui fut donnée à la Crète par le Prince Georges. En vertu du paragraphe 3 du « pro memoria » du 26 novembre 1898, le premier soin du Haut-Commissaire devait être, « d'accord avec l'Assemblée nationale, où tous les éléments crétois seront représentés, d'instituer un système de Gouvernement autonome capable d'assurer dans une certaine mesure la sécurité des personnes et des biens, ainsi que le libre exercice du culte ». Mais, avant de réunir l'Assemblée crétoise, il fallait élaborer un projet de Constitution à lui soumettre. Dès les premiers jours de janvier, le Prince Georges confie ce soin à une Commission de seize membres, dont douze chrétiens et quatre musulmans. En même temps qu'il instituait cette Commission, le Prince lui donnait des instructions pour élaborer la nouvelle Constitution dans un esprit aussi conservateur que possible. Les libéraux critiquèrent vivement ces instructions ; il faut reconnaître cependant que le Prince Georges a fait preuve d'une grande sagesse en agissant ainsi. C'eût été une grosse faute que de donner à

1) *Temps* du 9 mars 1899.
(2) *Temps* du 15 mars 1899.

l'Ile du premier coup un régime très libéral, c'eût été
l'entraîner à sa ruine ; les Crétois d'ailleurs en avaient fait
l'expérience de 1878 à 1889.

La Commission poussa ses travaux très activement, elle
se subdivisa en sous-commissions pour activer le travail
en le divisant et, grâce à l'attitude conciliante des commissaires musulmans, dès les premiers jours de février, le
projet de la nouvelle Constitution était élaboré. Le Haut
Commissaire, par un décret publié dans le journal officiel
de Crète, annonçait que les élections auraient lieu le 5
février. Ce premier décret du Haut-Commisssaire commençait ainsi : « Nous, Prince Georges de Grèce, Haut
Commissaire en Crète. » Primitivement, en décembre
1898, le Prince Georges avait eu l'intention de ne pas
procéder à de nouvelles élections ; il comptait que le
projet de la nouvelle Charte ne comprendrait que 8 ou
10 articles. Dans ces conditions, il aurait invité les délégués de chaque province à désigner chacun un député,
soit six en tout, qui se seraient réunis à la Canée pour
approuver le projet. Sur ces bases, le Prince aurait orga-
nisé un service administratif et trois ans après il aurait
convoqué une Assemblée régulière pour approuver ou
modifier cette organisation. Mais ces projets n'étaient pas
conformes aux désirs des Puissances qui voulaient
« une Assemblée nationale où tous les éléments crétois
seraient représentés ». En outre, le projet élaboré par
la Commission, loin de comprendre simplement les bases
d'un statut organique en une dizaine d'articles, formait
au contraire une véritable Constitution très complète, en
plus de cent articles. Dans ces conditions, il fallait procéder à la réunion d'une véritable Assemblée ; le décret

convoquant cette Assemblée fixait les règles des élections de la façon suivante :

Les élections politiques auront lieu au scrutin de liste pour chaque district. Les électeurs chrétiens ne seront autres que les délégués mêmes qui faisaient partie de l'Assemblée crétoise de 1897-98, tandis que, comme électeurs musulmans, il n'y aura que ceux qui avaient été désignés dans chaque commune pour élire ceux de leur profession religieuse qui devaient, comme membres, faire partie de l'Assemblée générale de 1895.

Le nombre des députés est de 188, dont 138 chrétiens et 50 musulmans. Les 138 chrétiens sont répartis à raison de 6 députés pour chacun des 20 districts, ainsi que 6 députés pour chacune des 3 villes de la Canée, Candie et Réthymo.

Le nombre des députés musulmans est, au contraire, réparti comme suit :

La ville de la Canée et les districts faisant partie du secteur italien éliront 12 députés.

La ville de Candie et les districts faisant partie du secteur anglo-français éliront 28 députés.

La ville de Réthymo et les districts faisant partie du secteur russe éliront 10 députés.

Les sièges de votation seront au nombre de 5 :

La Canée, sous la présidence du commandant supérieur international (français).

Halépa, sous la présidence du commandant supérieur italien.

Réthymo, sous la présidence du commandant supérieur russe.

Candie, sous la présidence du commandant supérieur anglais.

Saint-Nicolas, sous la présidence du commandant supérieur français.

Les minorités auront le droit d'être représentées toutes les fois que leurs candidats auront pu recueillir autant de votes qu'il en faut pour égaler le quotient que donnerait la division des électeurs votants pour chaque district par le nombre de députés fixé pour ce même district (1).

(1) *Journal des Débats,* du 4 février 1899.

Ce principe de la représentation de la minorité fut définitivement consacré dans la Constitution. En adoptant ce principe, les Crétois étaient décidés à abandonner pour toujours le vieux système d'élections où chrétiens et musulmans ne désignaient pour représentants que ceux qui étaient de leur religion. Dans les élections futures, il n'en sera plus de même, car les Crétois seront libres de donner leur vote aussi bien aux uns qu'aux autres, sans distinction de religion.

Dans l'esprit du Prince Georges, la première Assemblée ne devait pas vivre longtemps ; son unique mission devait être le vote de la Constitution, après quoi elle serait dissoute.

Les élections eurent lieu dans les conditions énoncées au décret. La Chambre se réunit le 21 février ; sur 188 représentants, 174 prennent part à l'élection du Président. Le docteur Sphakianadis est élu par 103 voix contre 65 en faveur du docteur Michelidakis, chef du parti libéral. Suivant le désir du Prince, le parti conservateur triomphait. Le Haut-Commissaire soumet aussitôt à l'Assemblée le projet élaboré par la Commission des Seize. Ce projet s'est inspiré de la Constitution hellénique et du Statut organique de la Roumélie Orientale ; mais dans un sens plus conservateur. Il comprenait 110 articles. L'idée générale en était de donner au Gouverneur de l'Ile une position très forte avec de larges pouvoirs, de rendre les Ministres du Gouverneur ou « Conseillers de l'État crétois » responsables et d'assurer l'indépendance des trois pouvoirs (1). Voici les principaux traits de ce projet (2) :

(1) *Temps,* du 2 mars 1899.
(2) Moguez, la Crète autonome (*Revue des questions diplomatiques et coloniales* du 1er juin 1899, et *Journal des Débats,* du 13 février 1899).

La Crète constitue un Gouvernement autonome conformément aux décisions des 4 Puissances.

La défense du pays et le maintien de l'ordre public sont confiés à la gendarmerie et à la garde municipale; le service dans celle-ci est obligatoire.

Toutes les confessions religieuses sont également reconnues et protégées par les lois. La langue officielle est la langue grecque.

Les fonctions publiques sont accessibles à tous les Crétois à raison de leur capacité et de leur moralité.

Le Prince exercera le pouvoir exécutif au moyen de Conseillers responsables.

Les députés élus par la population, plus dix choisis par le Prince, formeront la Chambre, qui sera convoquée tous les 2 ans.

Les deux premières années, le Prince aura le pouvoir de mettre en application les lois nécessaires au service administratif, financier, militaire et de contracter des conventions se rapportant aux travaux publics.

Le Prince Georges exercera le pouvoir accordé par la Charte.

Comme dispositions spéciales du projet particulièrement intéressantes, il faut citer l'article 2, qui reconnaissait solennellement la suzeraineté du Sultan. La langue grecque devenant la langue officielle, tous les fonctionnaires devaient la connaître, à l'exception des fonctionnaires musulmans pendant les huit premières années seulement. Le Prince a une liste civile de 200.000 francs, il prend le titre de « Prince de Crète » (*hégémon* en grec). En cas de vacance, le pouvoir est exercé par les Conseillers de l'hégémon au nom du peuple crétois et sous sa responsabilité. Ce Conseil devra réunir dans les deux mois l'Assemblée qui élira le nouvel hégémon. Un autre article excluait des fonctions de députés les membres du clergé, les officiers de la milice et de la gendarmerie et tous les fonctionnaires. — Enfin l'Assemblée devait être composée, à part les 10 députés nommés par l'hégémon, à raison d'un député par circonscription électorale de 6.000 habitants, de sorte qu'elle devait comprendre seulement de 50 à 60 députés (au lieu de 188).

Ce projet de Constitution ne donna pas lieu à l'Assemblée à de graves discussions. Un seul incident violent se produisit lors d'une proposition faite par plusieurs députés chrétiens que la religion grecque fût reconnue religion officielle ; nous l'avons vu, cette proposition fut repoussée. Les députés musulmans déposèrent quelques amendements ; ils demandèrent notamment que la promulgation des lois se fît en langue turque, la majorité des musulmans ignorant le grec, et que la formation de la garde municipale fût ajournée jusqu'au départ des troupes internationales. Ces deux propositions furent rejetées. Enfin, l'article concernant la suzeraineté du Sultan sur la Crète fut supprimé. Le 10 mars, la discussion du projet de Constitution était terminée en première lecture.

La discussion en deuxième lecture ne donna lieu qu'à deux modifications : 1° on discuta vivement sur le droit donné au Prince de nommer dix députés. Ce droit avait été inspiré par la Constitution serbe qui donne au roi le droit de nommer un certain nombre de membres à la Skoupchtina. Les partisans de ce système, parmi lesquels se trouvaient les députés musulmans, prétendaient que l'on constituait ainsi une sorte de petit Sénat, modérateur de l'Assemblée. Les adversaires, au contraire, réclamaient vivement que le Prince restât complètement étranger aux luttes politiques. Ce droit du Prince ne fut pas supprimé ; mais on réservait à la Chambre la faculté de modifier ou d'abolir cette disposition (art. 107 de la Constitution). — 2° Le projet donnait aussi au Prince le droit de nommer et révoquer tous les fonctionnaires, y compris les Cadis et les Muftis ainsi que le métropolite de Crète. Sur les protestations des musulmans, il fut décidé que les Cadis et Muftis seraient nommés et révoqués par le Cheikh-ul-Islam avec approbation du Prince et que le métropolite de Crète, nous l'avons vu, serait nommé et destitué par le patriarchat œcuménique de Constantinople et les évêques par le synode de Crète (1). L'investiture et le décret de révocation devaient être prononcés par le Prince.

Le 16 mars, le projet de Constitution est définitivement voté en deuxième lecture et l'Assemblée crétoise est prorogée. La discussion du projet avait duré en tout vingt-cinq jours.

La Constitution ainsi votée fut transmise par le Prince Georges au conseil des ambassadeurs à Rome, réuni sous la présidence de l'amiral Canevaro. Peu après (30 mars) les consuls des quatre Puissances à !a Canée remettent au Prince une Note contenant les observations des ambassadeurs sur la nouvelle Constitution crétoise ; dans cette Note ils lui rappellent qu'aucun article de la Constitution ne pourrait être valable « s'il portait atteinte aux droits des Gouvernements étrangers ou aux droits nationaux tels qu'ils résultent des dispositions des traités ou des droits légitimes du Sultan ». Les Puissances tenaient ainsi à rappeler de temps en temps à la Crète qu'elle se trouvait soumise à leur contrôle et aussi qu'elle était sous la suzeraineté du Sultan. Néanmoins, la conférence de Rome approuva en général le projet de Constitution. Elle supprima l'article 38 relatif au droit que s'était arrogé l'Assemblée crétoise d'élire le Haut-Commissaire en cas

(1) *Temps* du 15 mars 1899.

de vacance, ce choix devant appartenir aux Puissances. Elle demanda aussi la modification de l'article 10 sur le prosélytisme de la façon suivante : « Le prosélytisme est interdit, mais cette interdiction ne doit pas servir de prétexte pour limiter illégalement la liberté des personnes professant publiquement une religion (1). » L'ancien article proscrivait purement et simplement le prosélytisme, les Puissances jugèrent utile d'atténuer cette interdiction.

Le Prince Georges ayant reçu, le 26 avril, notification des modifications apportées à la Constitution par les Puissances, convoque immédiatement l'Assemblée. Les députés musulmans de Candie, prétendant que les députés chrétiens abusent de leur prépondérance, font courir le bruit qu'ils ne se rendront pas à l'Assemblée. Mais ils n'en font rien et, le 27 avril, l'Assemblée vote la Constitution avec les modifications apportées par les Puissances. Cette Constitution est promulguée et entre en vigueur le 29 avril 1899.

Il ne rentre pas dans le plan de notre étude d'étudier en détail les dispositions de cette Constitution. Nous en donnons en annexe le texte intégral à titre documentaire. Nous nous bornerons ici à en étudier les grandes lignes.

Cette Constitution comprend 115 articles et est divisée en dix chapitres.

Le chapitre 1er contient des dispositions générales, notamment sur l'autonomie de l'Ile et l'inaliénabilité de son territoire, sur l'organisation de la gendarmerie et de la milice et sur la jouissance de l'indigénat crétois qui est accordé dans une très large mesure et notamment aux

(1) Moguez, *loc. cit.*

personnes ayant pris part aux luttes pour l'indépendance de l'Ile. On y proclame l'égalité de tous devant la loi et les impôts, l'égalité et la liberté religieuses, la liberté du travail et de la propriété, la liberté de l'enseignement, de la parole et de la pensée, avec une restriction toutefois en ce qui concerne la presse politique, qui est soumise à l'autorisation du Prince, autorisation que celui-ci peut refuser ou retirer quand bon lui semble. Enfin ce chapitre se termine en établissant l'inviolabilité de la correspondance et la liberté de réunion, d'association et de pétition.

Le chapitre II, spécialement consacré au Prince, contient l'énumération de ses pouvoirs pour la nomination des fonctionnaires, la sanction des lois votées par la Chambre, l'ajournement, la suspension, la prorogation ou la dissolution de cette dernière, ainsi que le droit de grâce et d'amnistie. Enfin, aux termes de l'art. 35, en cas de vacance du poste de Chef de l'État, le nouveau titulaire doit être élu dans les deux mois par l'Assemblée, convoquée spécialement à cet effet par les Conseillers du Prince.

Le chapitre III est relatif à la Chambre. Parmi les conditions d'éligibilité, il est une disposition assez bizarre qui ne permet pas à un candidat malheureux de se représenter pendant la même session en cas de vacance d'un siège. Quant à la vérification des élections contestées, elle n'est pas faite par la Chambre elle-même, mais par la Cour supérieure en séance plénière (art. 46). Les députés sont élus pour deux ans et la Chambre ne se réunit en session ordinaire qu'une fois tous les deux ans pendant deux mois. Le Prince seul peut la convoquer en session extraordinaire.

Le chapitre IV a trait aux Conseillers du Prince, à leur responsabilité et aux cas où ils peuvent être mis en accusation par la Chambre devant un tribunal spécial.

Les dispositions relatives au pouvoir judiciaire sont contenues dans le chapitre V. Notons l'article 93 qui soumet un certain nombre d'affaires déterminées à la juridiction des Cadis musulmans.

Les chapitres VI et VII sont relatifs aux fonctionnaires publics et à l'administration des départements et des communes.

Le chapitre VIII énumère les cas où la loi martiale peut être proclamée; ces mesures sont prises principalement dans le but d'arrêter une insurrection nouvelle en Crète.

Les questions de révision de la présente Constitution font l'objet du chapitre IX. La révision d'une de ces dispositions ne pourra avoir lieu avant un délai de cinq ans ; elle devra être demandée par la Chambre en session ordinaire à la majorité des 2/3, en précisant les points à réviser. La révision sera faite par l'Assemblée convoquée spécialement à cet effet et comprenant le double des membres électifs de la Chambre.

Enfin, à notre point de vue, le chapitre X est le plus intéressant. Il contient les dispositions transitoires. L'Assemblée devant être dissoute aussitôt après le vote de la Constitution et la nouvelle Chambre ne devant se réunir que deux ans après, précisément au moment où le mandat donné au Prince Georges par les Puissances expirerait, les pouvoirs les plus étendus étaient donnés au Prince dans le but d'assurer le fonctionnement du Gouvernement autonome. Deux restrictions seulement étaient

faites à ces pouvoirs : d'abord de ne pas établir de nouveaux impôts que ceux votés par l'Assemblée ; et ensuite
de ne pas engager l'État au-delà des limites du budget
des deux premières années. Enfin l'article 114 donnait au
Prince Georges, Haut-Commissaire des Puissances en
Crète, les pouvoirs conférés au Prince par la présente
Constitution. On confiait ainsi au Haut-Commissaire le soin
d'assurer le fonctionnement du régime autonome, c'était
en somme la sanction officielle, donnée à la nomination
du Prince Georges, par le peuple crétois.

Cette Constitution, on le voit, assurait à la Crète un
régime de pleine autonomie selon les vœux des Puissances.
Nulle part il n'est fait allusion à la suzeraineté du Sultan.
La nomination du Prince et des fonctionnaires, le fonctionnement de la Chambre et des tribunaux, en un mot,
toute la vie politique, administrative et financière de l'Ile,
sont réglés suivant les principes de l'autonomie la plus
absolue. La liberté et l'égalité religieuses, que les Crétois
réclamaient depuis de longues années, sont formellement
proclamées et des mesures rigoureuses sont prises pour
qu'elles soient respectées, tant de la part des chrétiens que
des musulmans. L'Ile enfin est absolument et définitivement affranchie de la domination musulmane. Les Crétois,
par leur persévérance dans la lutte pour leur indépendance, avaient donc enfin obtenu gain de cause.

Au mois de mai 1899, l'organisation du Gouvernement
de Crète fut définitivement arrêtée. Le Gouvernement
comprend cinq départements : l'Intérieur, ayant à sa tête
M. Marcousso Coundouros ; les Finances, avec M. Constantin Fournis ; la Justice, avec M. Eleftérios Venizelos ;
l'Instruction publique et les Cultes, avec M. Nicolas Gia-

runlakis (en remplacement de M. Sphakianadis, démissionnaire pour raisons de famille); la Sûreté publique,
avec Hassan-bey-Skilianakis. Ce dernier était un musulman; ce choix avait été fait intentionnellement par le
Prince pour faire une concession à l'élément musulman,
pour montrer son esprit de conciliation et inspirer la confiance. Mais peu après (3 mai), Hassan-bey donnait sa
démission; le bruit courut, non sans raison peut-être, que
cette démission avait été donnée par ordre du Sultan.
Cela tendrait à prouver une fois de plus l'influence de
celui-ci sur les musulmans de Crète, bien que ces derniers
ne lui soient plus soumis que très indirectement. Le
calme absolu sera donc difficile à rétablir dans l'Ile et ce
n'est qu'avec le temps qu'on habituera les musulmans à
se soumettre au nouveau régime et qu'on pourra les
soustraire aux influences venues de Constantinople.

Notons enfin, pour terminer cette étude des nouvelles
institutions crétoises, la création auprès du Prince d'un
peloton international d'escorte formé par cinq brigades
de gendarmerie fournies par les Puissances (France, Allemagne, Autriche, Italie et Russie). Seule l'Angleterre, qui
n'a pas de gendarmerie, ne fournit pas de brigade. Chaque brigade se compose de cinq cavaliers, ce qui porte l'effectif du peloton international à vingt-cinq hommes. Le rôle
de ce peloton est en somme celui d'une garde d'honneur,
chargée de veiller sur le Prince et de l'escorter. Remarquons que l'Autriche et l'Allemagne, qui ont toujours
déclaré se désintéresser de la question crétoise, prennent
cependant part à la constitution de cette garde d'escorte;
nous verrons d'ailleurs plus loin que cette dernière Puissance tend de plus en plus à abandonner son attitude de

désintéressement et à vouloir prendre part au règlement des questions qui pourront naître dans l'avenir au' sujet de l'autonomie crétoise. Cette institution d'un peloton international d'escorte est une idée bien bizarre qui peut à la rigueur se concevoir autour d'un tapis vert, mais qui doit donner sur place de bien singuliers résultats. Il est à croire d'ailleurs que ce n'est là qu'une institution temporaire qui cessera en même temps que l'occupation de l'Ile par les troupes internationales.

CONCLUSION

La question crétoise semble aujourd'hui complètement résolue : l'Ile de Crète jouit d'un régime autonome absolument effectif. Après deux siècles de luttes, la population crétoise se trouve affranchie de la domination musulmane : l'Ile est restée exactement 230 ans soumise au joug turc. Sans doute cet affranchissement n'est pas absolu, le Sultan reste suzerain de la Crète, mais, comme nous l'avons déjà constaté, cette suzeraineté est purement nominale et pèse bien peu sur l'Ile.

Les Crétois doivent en somme être satisfaits du résultat obtenu, ils sont arrivés au but vers lequel tendaient leurs efforts : l'affranchissement de la domination ottomane. Sans doute ils n'ont pas obtenu leur vœu suprême : l'union à la Grèce; mais cette union, si elle n'existe pas en droit, si elle n'est pas reconnue par les Puissances, n'existe-t-elle pas en fait pour les Crétois? Le Gouverneur de l'Ile est un Prince grec ; sans doute ce Prince n'est que le Haut Commissaire des Puissances et ses pouvoirs n'ont qu'une durée limitée, mais les Puissances n'ont recouru à cet expédient que pour éviter de faire reconnaître le Prince Georges par la Porte, reconnaissance qui eût été nécessaire, s'il avait été nommé Gouverneur. Au fond, dans l'idée des Puissances, ce provisoire doit devenir définitif et le Haut-Commissaire « n'est qu'un masque pour le Gouverneur effectif ». La langue grecque est devenue la langue officielle, c'est « la prise de possession morale par la Grèce (1). » Les Crétois peuvent donc se croire unis aux Grecs ; le seul point qui puisse leur rappeler que cette union n'existe pas, c'est qu'ils n'envoient pas de représentants à Athènes. Est-ce bien là un mal pour eux ?

Il est douteux cependant que ce régime d'autonomie soit durable ; il présente en effet de multiples dangers, dangers qui peuvent venir de trois côtés différents :

1° LE DANGER PEUT VENIR DES CRÉTOIS EUX-MÊMES. — Sans doute un grand calme règne dans l'Ile depuis le départ des troupes et des autorités turques et l'avènement du Prince Georges. Mais c'est là une période d'accalmie en quelque sorte forcée ; après de telles tribulations, chacun cherche à se ressaisir, à réparer les désastres subis pendant l'insurrection. C'est là un fait qui s'est produit après chaque insurrection : chaque période de troubles a été suivie d'une période de calme plus ou moins longue. Puis les discussions recommençaient, les esprits de nouveau s'échauffaient et une nouvelle insurrection éclatait. En sera-t-il ainsi maintenant ? Sans doute un gros élément de troubles n'existe plus : les musulmans ne sont plus soumis aux autorités turques qui les excitaient contre les chrétiens ; de leur côté, les chrétiens ne sont plus exposés aux vexations multiples de ces autorités. Mais les musulmans, nous l'avons vu, n'ont pas accueilli avec grande faveur le nouveau régime ; ils obéissent aux ordres envoyés secrètement par la Porte ; il y a là un danger perpétuel pour les chrétiens et des causes de troubles.

(1) *Journal des Débats*, 14 février 1899.

En outre, comment les Crétois s'accommoderont-ils de ce nouveau régime? Les luttes parlementaires de 1878 à 1889 recommenceront-elles? Tout porte à le croire. Le Crétois est de caractère essentiellement frondeur, il est habitué depuis plus de deux siècles à lutter constamment contre l'autorité ; lorsque les dernières traces de l'insurrection auront disparu et que les esprits se seront ressaisis, ce caractère frondeur reprendra le dessus. Il y a donc là une autre cause de troubles.

Si des désordres se produisent, comme cela est fort probable, le Gouvernement de l'Ile sera-t-il assez fort pour les faire cesser? Le Gouvernement grec n'a jamais sans doute été bien remarquable; mais en Crète c'eût été un Gouvernement suffisamment fort et capable d'étouffer une insurrection. Le Gouvernement crétois, au contraire, est un Gouvernement neuf et forcément faible; qu'une insurrection se produise, il est à craindre qu'il ne soit impuissant à la réprimer. Deux autres causes de dangers apparaîtraient alors.

2° LE DANGER PEUT VENIR DE LA PORTE. — Le Sultan n'est plus que le suzerain de l'Ile, et encore cette suzeraineté n'est-elle que purement nominale ; mais c'est là une cause d'intervention dont la Porte tâchera sûrement de profiter. Ce n'est certes pas sans raison qu'elle a mis tant d'insistance auprès des Puissances pour qu'il y eût en Crète un signe apparent de cette suzeraineté. Que des troubles viennent à se produire en Crète, à un moment où l'attention de l'Europe sera fixée ailleurs (comme en 1866 par exemple), la Porte ne laissera certainement pas passer l'occasion, et, sous un prétexte quelconque, tel que la sauvegarde du pavillon ottoman par exemple, elle pourra, aidée des musulmans de l'Ile, débarquer des troupes en Crète sans que le Gouvernement crétois et ses gendarmes soient en mesure de l'en empêcher. Tout serait alors à recommencer,

3° LE DANGER PEUT ENFIN VENIR DES PUISSANCES ELLES-MÊMES. — Ces Puissances n'ont jamais agi, dans la question crétoise, que par intérêt, chacune essayant d'entraver les entreprises du voisin en favorisant les siennes. La Crète, ainsi constituée en État minuscule, sera, comme le dit M. de Chaudordy, exposée aux plus dangereuses convoitises; or ces convoitises sont certaines, surtout de la part de l'Angleterre. Dans le cours de cette étude, nous avons noté à maintes reprises les tentatives du Gouvernement anglais pour s'implanter en Crète; il n'est pas probable que l'Angleterre renonce ainsi subitement à des espérances qui datent d'aussi loin. Que, sous le premier prétexte venu, elle s'empare d'une rade à sa convenance, ce sera une conflagration européenne, à moins que l'Europe, par indifférence ou par crainte, ne la laisse s'emparer de la Crète comme de l'Égypte et compléter ainsi son empire dans la Méditerranée.

L'union de l'Ile à la Grèce eût donc été une solution préférable à tous points de vue. On réalisait ainsi les vœux des Grecs et des Crétois; on agrandissait le territoire de la Grèce et l'on donnait ainsi plus de force et plus de ressources à son Gouvernement; enfin on ne laissait pas l'Ile exposée, avec un Gouvernement faible et sans ressources, aux entreprises de la Turquie ou de toute autre Puissance européenne. Cette solution, il est vrai, était difficile à faire accepter au Sultan après le conflit gréco-turc, mais, en agissant d'autorité, on l'eût sans doute décidé à l'accepter, comme il accepta la nomination du Prince Georges. D'ailleurs ce n'était pas en 1897 qu'il fallait songer à annexer la Crète à la Grèce; sans l'opposition de l'Angleterre, l'Ile serait grecque depuis 70 ans ; cette union aurait eu lieu en 1830, lors de la formation de l'État grec : elle aurait pu même avoir lieu par la suite, en 1840 et en 1868, si l'Angleterre n'avait pas toujours persisté dans son attitude d'opposition. Cette union enfin se serait faite peut-être aussi plus récemment, en 1897, sans l'opposition irréductible de l'Allemagne, qui entraîna les Puissances. On reprocha vivement alors aux Crétois de réclamer l'annexion à la Grèce ; l'amiral Canevaro, conversant avec un avocat crétois, M. Benizello, prétendait que les Crétois, en réclamant cette annexion, commettaient un acte de folie ; ce dernier lui répondit fort justement : « Si l'Italie n'avait pas été frappée de cette folie patriotique..... jamais elle n'eût réalisé son unité (1). »

Cette union en tous cas se fera comme l'unité italienne et dans un temps assez rapproché, à moins d'événements graves pour la Crète. Si les Crétois savent être calmes et écouter les sages conseils du Prince Georges, cette union n'est qu'une question de temps ; elle se fera insensiblement et presque sans qu'on s'en aperçoive, jusqu'à ce que les Puissances la reconnaissent solennellement.

Voyons maintenant, pour terminer, quelle est au juste la situation de la Crète à l'heure actuelle. L'Ile jouit d'un régime autonome absolument effectif, sous la suzeraineté du Sultan et sous le contrôle des Puissances.

L'autonomie de l'Ile est complète : autonomie gou-

(1) LAROCHE, *op. cit.*, p. 290.

vernementale, autonomie financière, autonomie administrative. L'autorité turque n'intervient plus en Crète que
pour l'organisation des tribunaux religieux musulmans
et la nomination du métropolite.

Par ordonnance du 19 mai 1899, le Prince Georges
décréta l'autonomie douanière de l'Ile. Jusque-là, la Crète
faisant partie de l'Empire ottoman, les marchandises
venant de Turquie ne payaient pas de droits d'entrée dans
l'Ile et réciproquement les marchandises venant de Crète
ne payaient pas en Turquie. En vertu de cette ordonnance,
la situation de la Crète vis-à-vis de la Turquie est devenue
celle d'un pays étranger ; les marchandises turques paient,
à leur entrée dans l'Ile, des droits comme les marchandises étrangères. Comme conséquence de cette mesure
et par réciprocité, la Porte décida que dorénavant les
marchandises crétoises paieraient à leur entrée en Turquie,
comme les marchandises étrangères. C'est la complète
séparation des rapports douaniers entre la Crète et la
Turquie.

Quant aux consuls des Puissances en Crète, quelle est
leur situation ? Jusqu'en 1899, les agents des Puissances
en Crète avaient le titre de Consuls, seul celui de la Grèce
avait le titre de Consul général ; depuis la constitution de
l'autonomie crétoise tous les consuls des Puissances ont le
titre de « Consul général ». L'exequatur leur est donné
par le Haut-Commissaire.

Enfin, tout dernièrement le Prince vient de décider
l'abolition du timbre postal ottoman pour le remplacer
par un timbre national crétois à l'effigie du Prince
Georges (mars 1900). Cette autonomie est donc complète,
elle est conforme au vœu des Puissances et la nouvelle

Constitution bien appliquée peut servir de base à la réorganisation politique de la Crète.

La suzeraineté du Sultan existe, mais elle est purement nominale. Les seules traces apparentes de cette suzeraineté sont : le maintien du pavillon ottoman sur un point fortifié de l'Ile et la nomination du métropolite de Crète. Les Puissances décidèrent aussi, pour ménager les susceptibilités ottomanes, de maintenir dans le drapeau national crétois l'étoile du pavillon turc ; les Crétois durent subir ce maintien d'une étoile dans leur pavillon national, mais ils refusèrent d'y reconnaître l'étoile du pavillon turc pour n'y voir que l'étoile de Bethléem, symbole de la régénération future. La suzeraineté du Sultan, on le voit, est bien peu apparente en Crète ; elle existe cependant, c'était une des conditions que les Puissances mirent à l'acceptation du Prince Georges. Ce dernier leur demanda (avril 1899) d'élever leurs consulats en Crète au rang d'agences diplomatiques. Elles refusèrent ; c'eût été une atteinte portée aux droits de suzeraineté du Sultan, on aurait reconnu ainsi une sorte d'indépendance diplomatique à la Crète.

Quant aux Puissances elles-mêmes, quelle est leur attitude ? Pour l'Allemagne et l'Autriche, il n'y a pas de doute, elles ont déclaré se désintéresser du règlement de la question crétoise, elles sont restées étrangères à ce règlement même, elles doivent donc, en droit strict, ne pas intervenir dans toutes les questions qui pourront être soulevées par la suite au sujet de la Crète. L'attitude de l'Allemagne cependant semble se modifier sur ce point, une vive campagne a été menée par les journaux allemands (avril 1899) pour demander la création d'un

consulat en Crète où les intérêts allemands augmentent
de jour en jour, comme en Turquie et dans toute la
Méditerranée. Le Gouvernement ne s'est pas montré
opposé à une pareille mesure ; d'autre part, nous avons
vu que l'Allemagne fournit un contingent de gendarmes
pour la constitution du peloton international d'escorte du
Prince. Il est donc fort possible que, dans un temps donné,
sous prétexte de protéger les intérêts de ses nationaux,
l'Allemagne vienne prendre part au règlement de la question crétoise. Dans ce cas, et si son attitude vis-à-vis de
la Grèce ne s'est pas modifiée, elle sera peut-être le prin-
cipal obstacle à l'union de l'Ile à la Grèce.

Quel est le rôle des quatre autres Puissances en
Crète? Elles continuent, nous l'avons vu, à entretenir des
troupes dans l'Ile jusqu'à la nomination d'un Gouverneur
définitif; aujourd'hui où l'administration est à peu près
organisée, ces contingents ne jouent plus guère qu'un
rôle de police ; ils sont là pour prêter main-forte aux gendarmes en cas de nouvelle insurrection.

Les Puissances ont établi à Rome une sorte de Conseil de surveillance chargé de contrôler les actes du
Haut-Commissaire ; ont-elles contracté vis-à-vis de la
Crète une obligation de garantie? Nous ne le croyons
pas. Nous avons vu combien elles avaient toujours montré de la répugnance à contracter vis-à-vis de la Crète
une obligation de ce genre, notamment en 1896. Il n'est
pas douteux que leur attitude ait été différente en 1898.
La garantie en général, et principalement la garantie
collective, ne peut résulter que d'une convention; elle
entraîne en effet des obligations très multiples et très
diverses, non seulement de la part du garanti envers ses

garants, mais encore de la part des garants envers le
garanti et chacun de leurs co-garants. Or, dans tous les
documents diplomatiques de cette époque et dans le « pro
memoria » du 26 novembre 1898, il n'est nullement question de garantie ; les Puissances n'ont contracté entre
elles et vis-à-vis de la Crète qu'un engagement pécuniaire
qu'elles ont tenu.

Il fut question un instant d'appliquer à la Crète les
principes de la neutralité perpétuelle, comme l'avaient
fait, pour l'Ile de Corfou, les Puissances protectrices de
la Grèce lors de l'annexion des Iles Ioniennes à la Grèce
(1863). Cette neutralité perpétuelle est la situation d'un
Etat perpétuellement à l'abri de la guerre en vertu de conventions. Elle est donc forcément conventionnelle et suppose généralement une garantie. Cette garantie par plusieurs Puissances est la condition même d'existence de
cette neutralité que les Puissances s'engagent non seulement à respecter, mais aussi à faire respecter. Dans la
garantie restreinte cependant, on s'engage seulement à
respecter et non plus à faire respecter cette neutralité,
lorsqu'elle est violée soit par un État signataire, soit par
un État non signataire (neutralité du Congo). Quoi qu'il
en soit, la neutralité perpétuelle suppose donc toujours
bien une garantie. C'est ce qui fit reculer les Puissances et
l'idée de neutraliser l'Ile fut abandonnée.

La Crète n'est donc soumise ni au principe de la
neutralité perpétuelle, ni à la garantie des Puissances.
Comme en 1896, les Puissances n'ont pas voulu contracter
d'obligation, elles se sont réservé le droit de garantir à
la Crète un régime autonome ; mais ce n'est là qu'un droit
purement facultatif pour elles. Faut-il regretter cette

obligation de garantie? En général, les conventions de garantie n'ont pas grande valeur pratique; nous en avons de nombreux exemples dans l'histoire : garantie de l'intégrité du territoire de l'Empire ottoman auquel on enlève ensuite les Principautés, — du Danemark auquel la Prusse enlève le Schleswig-Holstein, — neutralisation de la mer Noire que la Russie sut faire supprimer. Comme toutes les conventions internationales, les traités de garantie sont, quant à leur exécution, soumis à la volonté des contractants : les États étant souverains et ne relevant de personne, la seule sanction entre États est la force. En concluant le traité, chaque Puissance ne consulte que son intérêt personnel; elle fait de même pour l'exécution. La garantie est donc inutile et même nuisible à l'État, garantie qui se fie à son efficacité. Seuls les peuples forts trouvent des défenseurs de leurs causes.

C'est pour cela qu'une seule solution vraiment efficace était possible : l'union à la Grèce. On tranchait ainsi une double difficulté, la question crétoise et l'extension territoriale de la Grèce, et l'on donnait une plus grande force au Gouvernement grec. Les Puissances ne l'ont pas voulu, elles ont préféré faire de la Crète un État minuscule, jouissant, il est vrai, d'une réelle autonomie, mais à la merci d'un coup de main du premier venu lorsque l'attention de l'Europe sera détournée d'un autre côté. C'est donc avec raison que M. de Chaudordy qualifie l'œuvre des Puissances de « solution bâtarde ».

Vu : *le Doyen*   Vu : *le Président,*
GLASSON.   RENAULT

Vu et Permis d'imprimer :
Le Vice-Recteur de l'Académie de Paris,
GRÉARD.

DOCUMENTS

LA CONSTITUTION DE CRÈTE

(1899)

CHAPITRE PREMIER

Dispositions générales

Art. 1er. — L'Ile de Crète, avec les îlots adjacents, constitue un Etat (πολίτεια) jouissant d'une autonomie complète dans les conditions établies par les 4 Grandes Puissances.

Art. 2. — Le territoire crétois est inaliénable ; aucune servitude ne peut être établie sur ce territoire.

Art. 3. — La défense du pays et le maintien de l'ordre intérieur sont confiés à un corps de milice et de gendarmerie indigènes.

Le service dans la milice est obligatoire.

Art. 4. — Après le départ des troupes d'occupation actuelle, des troupes étrangères ne peuvent stationner sur le territoire crétois, ni traverser ce pays sans une loi à cet effet.

Art. 5. — Le grec est la langue officielle de l'État.

Art. 6. — Jouissent de l'indigénat crétois :

a) Les personnes nées ou domiciliées en Crète avant la date du 1er janvier 1897 si l'un, au moins, de leurs parents était Crétois.

b) Les personnes nées dans un autre pays, d'un père crétois, sujet ottoman.

c) Les personnes nées en Crète de parents inconnus.

Les personnes ci-dessus, jouissant d'une nationalité non ottomane, peuvent acquérir l'indigénat crétois sur une simple déclaration, faite par devant une autorité municipale de l'Ile, dans le courant d'une année à partir de la promulgation de la présente Constitution, au plus tard, s'il s'agit d'un majeur, et dans un délai égal après avoir atteint la majorité, s'il s'agit d'un mineur.

L'acquisition par voie de naturalisation et la perte de l'indigénat crétois seront réglées par une loi spéciale. Cette loi doit être promulguée dans les trois mois à partir de la promulgation de la présente Constitution. Elle accordera des facilités particulières pour l'acquisition de l'indigénat crétois :

a) Aux nationaux domiciliés depuis longtemps en Crète.

b) Aux personnes nées de parents crétois, sans égard à leur nationalité, au lieu de leur naissance ou de leur domicile.

c) A ceux qui ont pris part aux luttes de l'indépendance de l'Ile.

La même loi autorisera la naturalisation, par voie législative, de ceux qui auraient rendu des services insignes aux pays.

Art. 7. — Les Crétois, à quelque religion qu'ils appartiennent, sont égaux devant la loi et jouissent des mêmes droits.

Art. 8. — Les fonctions publiques sont accessibles à tous les Crétois, sans distinction de religion, suivant leurs aptitudes et leur moralité.

Les emplois publics sont dévolus aux indigènes, sauf les cas où la loi autorise l'admission des étrangers.

Art. 9. — Les impôts sont établis et prélevés dans un but d'utilité commune. Chacun y contribue en proportion de son revenu ou de sa fortune.

Art. 10. — Chacun est libre de professer la religion qu'il préfère. Le prosélytisme est défendu (mais cette interdiction ne doit pas servir de prétexte pour limiter illégalement la liberté des personnes professant publiquement une religion) (1).

La différence de religion n'a aucune influence sur l'acquisition, la perte ou l'exercice de n'importe quel droit personnel ou réel et ne dégage d'aucune obligation légale.

Art. 11. — L'exercice du culte extérieur de toutes les religions reconnues est libre et protégé par l'Etat. Il est tenu toutefois de se conformer aux lois et règlements de police.

Art. 12. — Chaque Crétois peut se rendre librement dans l'intérieur ou hors de l'Ile et s'établir dans n'importe quelle localité du pays, en tant que les règlements de police ne s'y opposent pas.

Art. 13. — La liberté personnelle est garantie. Nul n'est pour-

---

(1) Ce membre de phrase a été ajouté à la demande des Puissances.

suivi, arrêté, emprisonné ou soumis à une restriction quelconque, que dans les cas prévus et selon les formes prescrites par la loi.

Sauf le cas d'application des dispositions de la loi martiale légalement proclamée, nul n'est arrêté ou emprisonné qu'en vertu d'un mandat de justice motivé, qui doit être notifié au moment de l'arrestation.

En cas de flagrant délit, l'arrestation peut être opérée sans mandat de justice, mais, même dans ce cas, le mandat doit être notifié dans les 24 heures au plus tard.

Art. 14. — Nul ne peut être distrait de ses juges naturels, ni soumis à une pénalité non prévue par la loi.

Art. 15. — Le domicile de chacun est inviolable. Aucune perquisition domiciliaire ne peut être opérée que dans les cas et selon les formes prévues par la loi.

Art. 16. — La traite est prohibée. Tout esclave est considéré libre dès qu'il se trouve sur le sol crétois.

Art. 17. — Aucun genre de travail, d'industrie ou de culture ne peut être prohibé, à moins qu'il ne porte atteinte à la morale, à la sécurité ou à la santé des habitants.

Art. 18. — Il ne peut y avoir d'autres monopoles que ceux établis en vertu d'une loi, pour créer des revenus publics ou dans un but de sécurité publique.

Art. 19. — Nul n'est privé de son bien, que pour cause d'utilité publique, dans les cas et suivant les formes établis par la loi, toujours moyennant une indemnité préalable.

Une loi spéciale réglera les questions relatives à l'acquisition et disposition des mines, carrières, antiquités et sources thermales.

Il ne peut être acquis des droits immobiliers sur les îlots adjacents, sans une autorisation du Gouvernement crétois. En cas de transmission de tels droits, le Gouvernement crétois conserve le droit de préemption.

Art. 20. — Les tortures et la confiscation générale sont défendues.

Art. 21. — L'enseignement est libre; il est exercé par des personnes ayant les qualités et la moralité requises par la loi, sous la surveillance de l'autorité compétente, en ce qui concerne les bonnes mœurs, l'ordre public et le respect des lois du pays.

L'enseignement primaire est obligatoire et gratuit.

Art. 22. — Chacun est libre de manifester ses opinions de vive voix, par écrit ou par la voie de la presse, en se conformant aux lois.

La loi réprime l'abus de cette liberté.

Art. 23. — La loi sur la presse doit contenir les dispositions suivantes :

1° La publication d'un journal ou recueil périodique est subordonnée à une autorisation du pouvoir exécutif.

2° S'il s'agit de la publication d'un journal ou d'un recueil périodique contenant de la matière politique, l'éditeur doit fournir une caution de 2000 francs, destinée à assurer le paiement des amendes ou indemnités éventuelles.

En cas de condamnation d'un éditeur, par jugement exécutoire, à une peine pécuniaire ou indemnité, la publication du journal ou recueil périodique est suspendue en attendant le paiement de la peine pécuniaire ou indemnité.

3° L'autorisation ne peut être refusée au requérant, s'il possède les qualités requises et s'il a déposé la caution sus-indiquée.

La saisie du journal, du recueil périodique ou de tout autre imprimé peut être opérée :

1° Si une des religions reconnues et professées dans l'Ile est attaquée;

2° En cas d'offense contre la personne du Prince.

3° Si, par ces publications, il est provoqué une irritation dangereuse parmi les habitants, de nature à compromettre l'ordre public.

La saisie est levée de plein droit, si, dès le lendemain, elle n'est pas sanctionnée par une ordonnance judiciaire.

La censure préalable ne peut être établie.

Art. 24. — La correspondance livrée à la poste est soustraite à toute recherche des autorités judiciaires.

Art. 25. — Les Crétois ont le droit de s'assembler paisiblement et sans armes, en se conformant aux lois, qui peuvent régler l'exercice de ce droit, sans toutefois le subordonner à une autorisation préalable.

Sont exceptés les rassemblements à ciel ouvert qui sont soumis absolument aux règlements de police.

Art. 26. — Les Crétois ont le droit de former des associations pourvu que, dans le but de l'association, ou dans les moyens employés à cet effet, il n'y ait rien d'illicite, d'immoral ou de dangereux pour l'Etat.

La loi règle l'exercice du droit d'association ayant en vue le maintien de l'ordre public.

Art. 27. — Chaque citoyen a le droit d'adresser aux autorités des pétitions signées par une ou plusieurs personnes.

CHAPITRE II

Du Prince

Art. 28. — Le Prince est le chef de l'Etat. Il confectionne les lois de concert avec la Chambre des représentants, exerce le pouvoir exécutif par l'entremise de Conseillers responsables et rend la justice par les tribunaux.

Art. 29. — Légalement le Prince n'est ni responsable, ni sujet à aucune contrainte.

Chacun de ses actes doit être contresigné par son Conseiller compétent, lequel, par sa seule signature, assume toute la responsabilité pour cet acte.

Cette signature n'est pas nécessaire pour l'investiture du métropolite et des évêques, pour la nomination des membres de la Chambre nommés par le Prince ou la révocation des Cadis et des Muftis, des Conseillers du Prince, du Président et du Procureur près la Cour d'appel et des Préfets.

Art. 30. — Le Prince représente l'Etat, conclut des conventions pour lesquelles il demande le vote de la Chambre, frappe monnaie et confère des décorations.

Art. 31. — Le Prince est le chef suprême de la force armée.

Il confère les grades militaires ; nomme aux places selon les formes établies par la loi et destitue tous les employés publics, y compris les Muftis et les Cadis. Ces derniers sont pris parmi les personnes ayant une autorisation du Cheikh-ul-Islam pour exercer leurs fonctions.

Il accorde ou non son assentiment pour l'investiture du métropolitain élu par le patriarchat œcuménique, ainsi que des évêques élus par le synode épiscopal de Crète.

Il a le droit de sanctionner les projets de loi votés par la Chambre, promulgue les lois et rend les ordonnances concernant leur exécution. Il ne peut toutefois suspendre l'application d'une loi, une fois publiée, ni en soustraire qui que ce soit.

Art. 32. — Le Prince convoque la Chambre et en prononce l'ouverture et la clôture.

Il a le droit d'ajourner, suspendre, proroger ou dissoudre la Chambre. L'ajournement, la suspension ou la prorogation ne peuvent durer plus de 40 jours, ni se répéter, durant la même session, sans l'assentiment de la Chambre.

Le décret de dissolution doit fixer en même temps la date de la convocation de la nouvelle Chambre, qui doit avoir lieu dans les 3 mois.

Art. 33. — Le Prince a le droit de commuer, réduire ou remettre à son gré, les peines prononcées par les tribunaux en cas de délits politiques et ceux de la presse; en cas de délits communs, il faut l'avis préalable du Conseil de justice. Il a également le droit d'amnistie dans le seul cas de délits politiques.

Art. 34. — Le Prince peut, par ordonnance contresignée par tous les membres de son Conseil, proclamer la loi martiale dans toute l'Ile ou dans une de ses parties.

Art. 35. — En cas de vacance du poste de Chef de l'État, le pouvoir à lui conféré sera exercé au nom du peuple, par le Conseil du Prince, sous sa propre responsabilité. Ce Conseil convoque, dans les deux mois, l'Assemblée, afin qu'elle statue, tant sur la personne du Prince que sur la révision des prescriptions de la Constitution qui seraient jugées susceptibles de révision par suite de ce changement.

Art. 36. — Toute décision de l'Assemblée, concernant la personne du Prince, est prise à la majorité des 2/3 et par scrutin découvert.

Art. 37. — La liste civile du Prince est fixée par une loi. Celle de S. A. R. le Prince Georges est fixée à 200.000 francs par an.

CHAPITRE III

De la Chambre

Art. 38. — La Chambre partage avec le Prince le pouvoir législatif. Elle se compose de membres élus par le peuple et de membres nommés par le Prince.

Art. 39. — Pour être élu ou nommé député, il faut avoir son domicile en Crète depuis 5 ans au moins, jouir de l'indigénat crétois, avoir l'âge de 30 ans accomplis et posséder les autres qualités requises par la loi électorale.

Art. 40. — Les fonctions de députés sont incompatibles avec celles d'employé public ou municipal rétribué, de représentant ou employé d'une Puissance étrangère, de ministre de culte ou de militaire en général, à l'exception des retraités ou réformés, qui peuvent être élus députés, si la réforme n'a pas eu pour cause une conduite répréhensible dans les rangs de l'armée où ils ont servi.

Art. 41. — Dans les deux années qui suivent son élection, le député ne peut être nommé à un emploi public ou municipal rétribué, sauf celui de Conseiller du Prince.

Art. 42. — Les membres électifs de la Chambre sont élus par département au vote uninominal, dans la proportion d'un député sur 5.000 habitants ou fraction de ce chiffre, et au moyen d'un mode de suffrage assurant, autant que possible, la représentation des minorités.

Art. 43. — Les membres de la Chambre nommés par le Prince sont au nombre de 10 : ils sont choisis en proportion de la population, dans tous les départements et parmi les citoyens en vue pour leur honnêteté et leur expérience.

Art. 44. — Le candidat, qui a échoué aux élections législatives, ne peut être nommé membre de la Chambre dans la même session. Ne peut également siéger comme membre nommé dans une session celui qui siégeait au même titre dans la session précédente.

Art. 45. — Le député représente l'Ile entière et non seulement le district où il a été choisi.

Art. 46. — La vérification des élections contestées est faite par la Cour supérieure en séance plénière.

Art. 47. — Les députés sont élus et nommés pour deux ans, et la Chambre se réunit en session ordinaire une fois chaque deux ans.

Art. 48. — La durée de la session ordinaire de la Chambre est de deux mois. La session terminée, le député perd la qualité et le titre de député.

Art. 49. — En cas de besoin, le Prince peut convoquer la Chambre en session extraordinaire, même avant la période des deux ans.

La durée et le programme de la session extraordinaire sont réglé par ordonnance princière. La Chambre, en session extraordinaire, ne peut entrer dans la discussion d'autres sujets que ceux déjà indiqués dans ce programme.

Art. 50. — En cas d'urgence, le Prince a le droit de convoquer en session extraordinaire les députés de la dernière Chambre, s'il ne préfère pas ordonner de nouvelles élections.

Art. 51. — La Chambre tient ses séances en public. Elle ne peut siéger à huis clos qu'extraordinairement et après une décision prise à cet effet.

Art. 52. — Avant d'entrer en fonctions, les députés prêtent serment devant la Chambre et en séance publique, selon la formule usitée pour chaque culte, qu'ils rempliront consciencieusement leurs devoirs, seront fidèles à la patrie et au Prince et respecteront les lois du pays.

Art. 53. — La Chambre établit par son propre règlement la manière de procéder à ses travaux.

Art. 54. — Au début de chaque session, la Chambre choisit parmi ses membres son président, ses vice-présidents et ses secrétaires.

Art. 55. — La Chambre exerce sa police intérieure, par l'entremise de son président.

Le président seul peut donner des ordres à la garde de la Chambre.

Aucune force armée ne peut pénétrer dans l'enceinte de la Chambre, sans l'autorisation du président.

Art. 56. — La Chambre est en nombre légal lorsque la moitié des députés sont présents. Pour qu'une décision ait force légale, il faut qu'elle soit prise à la majorité absolue des membres présents. En cas de partage des voix, la motion est rejetée.

Art. 57. — Chaque député reçoit à titre d'indemnité 10 francs par jour, tant qu'il participe aux travaux de la Chambre.

Art. 58. — Le député est exempt de toute poursuite ou recherche à l'occasion du vote ou de l'opinion par lui émis dans l'exercice de ses fonctions. Durant la session, et sauf le cas de flagrant délit, le député ne peut être poursuivi, ni arrêté qu'avec l'autorisation de la Chambre.

Art. 59. — Aucune loi n'a force légale que si elle est votée par la Chambre, article par article, deux fois, et à deux jours différents et sanctionnée par le Prince.

Le budget est voté une seule fois.

Un projet de loi voté par la Chambre et non sanctionné par le Prince dans un délai de deux mois à dater de la clôture de la session, est considéré comme rejeté.

Art. 60. — L'interprétation authentique des lois appartient au pouvoir législatif.

Art. 61. — L'initiative des lois appartient au Prince et à la Chambre.

Les projets de loi concernant des traitements, pensions, ou toute autre disposition d'argent à titre personnel, ne sont introduits à la Chambre que par le Prince.

Des propositions des députés tendant à une augmentation des dépenses du budget ne peuvent être discutées par la Chambre qu'après avoir été préalablement approuvées par la Commission du budget.

Art. 62. — Sans une loi votée par la Chambre et sanctionnée par le Prince, aucun impôt ne peut être imposé ni prélevé, des emprunts ou des conventions engageant les finances de l'État ne sont point contractés, des pensions ou gratifications à la charge du Trésor ne sont pas accordées.

Art. 63. — Au début de chaque session, il est soumis à la Chambre le budget des dépenses et des recettes de la période biennale prochaine et les comptes de l'exercice passé.

Avant d'être votés ou approuvés par la Chambre. le budget et les comptes sont renvoyés à l'examen et à l'appréciation de la Commission du budget, nommée par la Chambre à cet effet.

Dans le cas où les comptes n'auraient [pu être dressés à temps pour être soumis à la session actuelle, ils sont définitivement soumis à la session suivante, ordinaire ou extraordinaire.

Art. 64. — Si la Chambre croit devoir supprimer ou réduire quelques-uns des crédits inscrits dans le budget, elle doit motiver sa décision, en indiquant en même temps de quelle façon on peut réaliser cette économie sans manquer aux obligations imposées au fisc par la loi, ou à ceux dont l'exécution peut être poursuivie par la voie judiciaire.

Si, après avoir obtenu toutes les explications nécessaires, la Chambre persiste à refuser les crédits en question, ou bien si, la session étant terminée, le budget n'a pas été voté, le Prince peut, par une ordonnance signée par tous les membres de son Conseil, déclarer le budget du dernier exercice applicable à l'exercice suivant, en tant que ce budget aura été dressé régulièrement, et en effaçant les sommes qui y figureraient pour des besoins auxquels il a déjà été pourvu.

Art. 65. — En cas de besoin imprévu et urgent, le Prince est autorisé, sur l'avis unanime et sous la responsabilité de ses Conseillers, à faire une dépense non prévue dans le budget, pourvu que la somme ainsi dépensée ne dépasse pas 100.000 fr. pour chaque période biennale.

L'approbation de la Chambre pour cette dépense sera demandée dans la première session ordinaire ou extraordinaire.

CHAPITRE IV

Des Conseillers du Prince

Art. 66. — Les Conseillers du Prince sont nommés et révocables par lui à son gré.

Art. 67. — Les Conseillers siègent à la Chambre et prennent part à ses discussions sans avoir le droit de vote.

Art. 68. — Tout député, nommé Conseiller du Prince, perd la qualité de député, et son siège à la Chambre est considéré comme vacant.

Art. 69. — La Chambre a le droit d'accuser par devant un tribunal spécial celui des Conseillers du Prince qui sciemment aurait :

1° Contresigné ou exécuté une ordonnance princière contraire aux dispositions de la Constitution, des lois ou des ordonnances princières rendues sur l'autorisation du pouvoir législatif;

2° Procédé à l'exécution d'une ordonnance princière, non contresignée par le Conseiller compétent, ou ordonné l'exécution d'une pareille ordonnance;

3° Pris ou exécuté une décison ou un ordre contraires aux dispositions de la Constitution, des lois ou des ordonnances princières rendues sur l'autorisation du pouvoir législatif, ou ordonné l'exécution d'une telle décision ou ordre;

4° Omis d'exécuter une prescription de la Constitution, des lois ou des ordonnances princières rendues sur l'autorisation du pouvoir législatif, ou d'ordonner l'exécution d'une telle décision ;

5° Contresigné, pour le faire sanctionner comme loi, un acte non voté par la Chambre conformément aux prescriptions de la Constitution relatives à la confection des lois, et publié un pareil acte ou ordonné son exécution.

Art. 70. — Est aussi accusé par la Chambre, devant le tribunal spécial, le Conseiller du Prince qui, dans l'exercice de ses fonctions, aurait :

1° Violé une disposition pénale des lois en vigueur, dont la violation est passible d'une peine criminelle ou correctionnelle ;

2° Sans violer une disposition formelle de la Constitution, des lois ou ordonnances princières rendues sur l'autorisation du pouvoir législatif, porté sciemment préjudice, par un acte ou par une omission, aux intérêts de l'Etat.

Art. 71. — La Chambre accuse également le Conseiller devant le tribunal spécial, s'il s'est immiscé d'une manière illicite aux élections.

Art. 72. — Est accusé également le Conseiller qui, par négligence inexcusable, a violé les prescriptions de la Constitution, des lois ou des ordonnances princières rendues sur l'autorisation du pouvoir législatif, au préjudice d'intérêts essentiels de l'Etat.

Art. 73. — Le Conseiller qui n'aurait pas participé aux délits ci-dessus mentionnés en est tout de même responsable et considéré comme complice, s'il y a consenti par un acte du Conseil portant sa signature.

Art. 74. — Le Conseiller est dégagé de la responsabilité que comportent les dérogations susindiquées, si la dérogation a été le résultat d'une erreur excusable et justifiée sur le sens exact de la loi violée.

Art. 75. — Dans le cas d'actes ou omissions considérés par les lois en vigueur comme des délits ou crimes et qui peuvent être commis soit par tout individu, soit seulement par des fonctionnaires publics, soit par les uns et les autres, le Conseiller qui, dans l'exercice de ses fonctions, s'en est rendu coupable, subit la peine énoncée par les lois contre les auteurs de pareils actes ou omissions.

Art. 76. — Pour toute violation de la Constitution ou des lois, commise par le Conseiller dans l'exercice de ses fonctions, pour laquelle il n'y a pas de peine expressément énoncée par la loi, le Conseiller contrevenant est puni d'un emprisonnement de 3 mois à 2 ans ou d'une amende jusqu'à 5.000 francs, s'il a agi de propos délibéré, et d'un emprisonnement jusqu'à 6 mois ou d'une amende jusqu'à 5.000 fr., s'il a agi par négligence inexcusable.

Art. 77. — Le Conseiller coupable d'une des dérogations indiquées à l'art. 70 est puni d'un emprisonnement de 2 mois à 1 an.

Art. 78. — Le Conseiller coupable du délit indiqué à l'art. 71 est puni d'une amende de 1.000 à 5.000 francs.

Art. 79. — Toutes les fois que le délit qui a motivé la condamnation du Conseiller a été commis de propos délibéré, la condamnation entraine pour le condamné la perte de ses droits civils pendant 2 à 10 années.

Art. 80. — La condamnation du Conseiller pour un acte ou omission dus à une négligence inexcusable entraine pour le condamné l'incapacité, pendant 2 ou 5 ans, d'occuper toute fonction publique rétribuée.

Art. 81. — La responsabilité pénale pour les actes susindiqués est effacée par la prescription, passées 2 sessions ordinaires de la Chambre, à partir de la révocation du Conseiller qui les aurait commises.

Art. 82. — Si l'accusation est formulée, le Conseiller accusé étant encore en fonctions, le Prince peut le maintenir à son poste, en attendant qu'une ordonnance de mise en accusation soit rendue par la Commission judiciaire.

Art. 83. — La Commission judiciaire est composée de 3 membres tirés au sort parmi les mêmes magistrats que les membres du tribunal spécial.

Art. 84. — Le tribunal spécial est constitué par le président de la Cour d'appel, comme président, et par six autres membres tirés au sort parmi les magistrats suivants, se trouvant en fonction avant la date de l'accusation, soit :

Le procureur près la Cour d'appel,

Le substitut du procureur,

Les juges de la Cour d'appel,

Les présidents des tribunaux de première instance,

Les procureurs près les tribunaux de première instance.

Le tirage au sort a lieu devant le président de la Chambre, en séance publique. La Chambre élit en même temps les personnes qui doivent remplir les fonctions de juge d'instruction et de procureur près le tribunal spécial. Le greffier est nommé par le tribunal spécial.

Jusqu'à la promulgation d'une loi à ce sujet, la procédure sera réglée par le tribunal spécial, en tenant compte des prescriptions de l'art. 91 de la Constitution relatives à la publicité.

Art. 85. — Le Prince ne peut gracier le Conseiller condamné conformément aux dispositions ci-dessus qu'avec l'assentiment de la Chambre.

Art. 86. — La décision de la Chambre concernant l'accusation d'un Conseiller et toutes les questions y relatives sont prises à la maorité de ses membres électifs.

Art. 87. — Les infractions du Conseiller hors fonctions ne sont pas sujettes aux dispositions ci-dessus.

Art. 88. — L'action civile contre le Conseiller et au profit du préjudicié, motivée par les infractions mentionnées dans les articles précédents, est portée devant les tribunaux civils et jugée d'après les prescriptions du droit commun.

CHAPITRE V

Du Pouvoir judiciaire

Art. 89. — La justice est rendue, au nom du Prince, par des juges nommés par lui, conformément au règlement judiciaire.

Art. 90. — Le règlement judiciaire instituera un conseil de justice, dont feront partie le président, le procureur et trois autres juges du tribunal supérieur, et en cas d'empêchement de ceux-ci, leurs remplaçants légitimes.

Après l'institution de ce conseil, aucun juge ou procureur ne peut être nommé ou promu sans une proposition, ni déplacé sans l'avis, ni révoqué provisoirement ou définitivement sans une décision dudit conseil.

Sont exceptés le président et le procureur près la Cour d'appel.

Art. 91. — Les séances des tribunaux sont publiques, sauf le cas où le tribunal, par égard aux bonnes mœurs ou à la tranquillité publique, ordonne le huis-clos par une décision à cet effet.

Art. 92. — Tout jugement doit être motivé et prononcé en séance publique.

Art. 93. — Sont soumis à la juridiction des Cadis musulmans, outre les affaires purement religieuses, celles qui suivent :

1° Les affaires relatives au mariage, au divorce ou aux rapports personnels entre époux ;

2° Les affaires ayant trait à l'éducation des mineurs.

3° Les affaires concernant la curatelle, la tutelle et l'émancipation des mineurs ;

4° L'obligation légale d'une personne pour l'entretien d'une autre. Toutefois le montant de la pension alimentaire est fixé par les tribunaux ordinaires ;

5° Les affaires concernant les héritages et la succession à l'administration d'un legs vacant (tevliyet). Les jugements des Cadis sur ces affaires sont portés en appel devant les tribunaux ordinaires, si elles ne sont pas acceptées par toutes les parties intéressées.

Au cas où la question d'hoirie surgirait incidemment dans un autre procès, ou lorsque, dans le procès d'héritage, serait impliquée une personne non-musulmane, l'affaire est directement portée devant les tribunaux ordinaires.

Dans tout procès d'hoirie ou de succession à l'administration d'un legs vacant (tevliyet), la loi de la personne héritée fait foi.

L'exécution forcée de tout jugement des Cadis est du ressort des tribunaux ordinaires.

CHAPITRE VI

Des Employés publics

Art. 94. — Sur la base de qualifications à exiger des candidats et au moyen de concours, une loi spéciale réglera tout ce qui concerne la nomination et la promotion des fonctionnaires publics ; sauf les exceptions qui seront mentionnées dans la loi, ceux qui ont offert des services personnels au pays, ayant, à capacité égale, la préférence.

La même loi réglera ce qui concerne la révocation et la transmutation des employés.

Art. 95. — En cas d'insolvabilité des employés, l'Etat est responsable envers les particuliers de tout dommage qui leur aurait été causé par suite de la négligence, de l'abus de pouvoir ou des erreurs de ces employés.

Une loi spéciale réglera les cas et l'étendue de ces responsabilités.

CHAPITRE VII

De l'Administration

Art. 96. — Chaque département constitue une personne légale.

Il sera institué dans chaque département un Conseil départemental, qui discutera et statuera sur les besoins particuliers du département et sur tout ce qui contribue à sa prospérité.

Les Conseils départementaux disposeront des ressources qui leur seront allouées par voie législative, pour répondre aux besoins particuliers des départements. Ils auront le droit d'établir des surtaxes pour des buts spécialement désignés, dans des limites fixées par laloi.

Il en sera de même des communes.

CHAPITRE VIII

De la Loi martiale

Art. 97. — La loi martiale est proclamée dans les cas suivants :

1º Lorsque les habitants s'opposent à l'exécution d'une loi, d'une ordonnance princière rendue dans les formes, ou d'un règlement ;

2º En cas d'un mouvement armé ou de troubles graves si les organes ordinaires du pouvoir se trouvent dans l'impossibilité de rétablir l'ordre.

Art. 98. — L'ordonnance proclamant l'état de siège doit être motivée et publiée dans toutes les communes où il doit être appliqué, pour avoir force légale.

Art. 99. — La loi martiale est levée aussitôt que la cause qui l'a rendue nécessaire a cessé.

Art. 100. — Les effets de la proclamation de la loi martiale seront déterminés par une loi spéciale.

CHAPITRE IX

De la Révision

Art. 101. — Les dispositions de la présente Constitution sont sujettes à révision après 5 ans, si la Chambre, en session ordinaire, et à la majorité des deux tiers de ses membres électifs, a demandé cette révision par un acte spécial, précisant les dispositions à réviser.

Art. 102. — La révision une fois décidée, conformément à l'article précédent, la Chambre est dissoute de droit et on doit procéder à la convocation de l'Assemblée.

Les élections pour l'Assemblée ont lieu 8 mois après la décision de révision et l'Assemblée est convoquée dans les 10 mois à partir de la même époque.

Art. 103. — L'Assemblée se compose exclusivement de membres électifs, en nombre double des membres électifs de la Chambre, élus de la même manière que les députés.

Art. 104. — L'Assemblée statue sur les dispositions à réviser à la majorité absolue de tous ses membres, en se tenant dans les limites du programme établi par la Chambre dans son acte relatif à la révision.

Art. 105. — Ce programme épuisé, l'Assemblée est dissoute de plein droit.

Art. 106. — La disposition de l'art. 42, relative au vote uninominal, est sujette à révision par la voie législative ordinaire, après 5 ans à partir de la promulgation de la présente Constitution.

Art. 107. — Les dispositions relatives aux membres de la Chambre nommés par le Prince peuvent être modifiées ou abolies par la majorité des membres électifs de la Chambre, si celle-ci avait pris une décision à ce sujet dans sa troisième session ordinaire, à partir de la promulgation de la présente Constitution.

CHAPITRE X

Dispositions transitoires

Art. 108. — Les biens vacoufs de n'importe quelle catégorie, dans la possession de particuliers, de corporations ou de personnes légales, deviennent des biens de possession libre, dans les mains de leurs possesseurs actuels, ou de leurs héritiers ou ayants droit.

Une loi spéciale, qui doit être promulguée dans les 6 mois, fixera l'indemnité à accorder à l'ayant droit pour la redevance (idjaré) ou pour les droits payés à l'Evcaf par les gérants (mutévélis).

La redevance à indemniser pour les biens dont le droit de succession n'a pas été élargi (téfsin intical) sera évaluée à 1 pour 1.000 sur la valeur de l'immeuble, mentionnée dans le dernier acte de transmission.

En attendant, le bien restera hypothéqué de préférence à toute autre hypothèque qui peut avoir été enregistrée, pour garantir le paiement de l'indemnité susmentionnée.

Ne sont pas visés par le présent article les biens vacoufs de toute catégorie dans la possession de l'Evcaf ou des gérants (mutévélis). Sont exceptés aussi les biens appartenant à des institutions pieuses, gérées par des mutévélis. Dans le cas cependant où ces biens seraient vendus par l'Evcaf, en vertu d'une loi spéciale qui sera votée à cet effet, ils le seront comme des biens de possession libre.

Art. 109. — Pendant une période de 8 ans à partir de la promulgation de la présente Constitution, le Prince peut, par exception, nommer aux emplois publics des musulmans crétois ayant l'aptitude et l'honnêteté requises par la loi, bien que laissant à désirer au point de vue de l'instruction scientifique et de la connaissance des lettres grecques.

Art. 110. — Pendant les deux premières années après la promulgation de la présente Constitution, le Prince est libre d'accorder ou de refuser, à son jugement, la permission exigée pour la publication des journaux et imprimés contenant des matières politiques, comme aussi de retirer la permission déjà accordée.

Art. 111. — Pendant le même laps de temps de deux années, le

Prince a le droit d'expulser de l'Ile tout Crétois indigène dont la présence aura été jugée dangereuse pour l'ordre public.

Les personnes expulsées par les autorités internationales pendant l'occupation ou en vertu du présent article ne peuvent retourner dans l'Ile qu'après autorisation préalable du Prince.

Art. 112. — Pendant cette période de 2 années, tout le pouvoir législatif est confié au Prince qui, dans les limites de la Constitution et sur l'avis unanime de son Conseil, préparera et mettra en exécution, par des ordonnances provisoires, toutes les lois judiciaires administratives, financières, militaires et autres, nécessaires au fonctionnement du régime autonome. Le Prince aura le droit dans la même période de deux années et sur l'avis unanime de son Conseil :

a) de conclure toute convention relative aux travaux publics et à la communication du pays, mais sans engager les finances de l'Etat au delà des limites des budgets ordinaires des deux premières années ;

b) de concéder, aux conditions les plus avantageuses, le droit de la fondation d'une Banque crétoise de crédit foncier, en lui accordant au besoin le privilège de l'émission de billets de banque, qui ne peuvent avoir de cours forcé ;

c) de modifier, en les augmentant au besoin, les impôts du timbre, du tabac, du tombak et des alcools, et de régler les questions relatives au monopole du sel ;

d) de fixer les droits de postes et télégraphes ;

e) d'autoriser les départements et les communes à prélever des impôts pour leurs besoins particuliers, conformément à l'art. 96 ;

f) de contracter un emprunt de 4 millions de francs au plus, destiné à rembourser les avances faites par les Puissances, au cas où ce remboursement serait exigé avant la prochaine session de la Chambre, ou à combler les déficits éventuels des budgets des premières années, en donnant au besoin certains revenus publics en garantie de cet emprunt.

En dehors des impôts ci-dessus mentionnés et de ceux déjà existants, qui continueront à être perçus d'une manière uniforme dans l'île, jusqu'à décision contraire faite par la voie législative ordinaire, aucun autre impôt ne peut être établi ni. prélevé durant les 2 années ; aucune obligation ne peut être imposée à l'Etat au delà des limites du budget des 2 premières années, et aucune pension ou autre subvention à titre personnel ne peut être accordée, sans avoir été votée par la Chambre.

Art. 113. — Le Prince aura le droit de régler d'un commun accord avec le Patriarchat œcuménique de Constantinople l'exercice du droit d'investiture du Métropolitain et des Evêques, conformément à l'article 31.

Art. 114. — Le pouvoir conféré au Prince par la présente Constitution est exercé par S. A. R. le Prince Georges de Grèce, actuellement Haut-Commissaire en Crète.

Article final. — La présente Constitution entre en vigueur dès le jour de sa promulgation.

TABLE DES MATIÈRES

Poitiers. — Impr. Blais et Roy, 7, rue Victor-Hugo.